이 책을 먼저 본 학부모들의 탄식!

이 책의 장점은 설탕이나 인스턴트 식품에 의한 질병, 심지어는 범죄로까지 이어지는 가능성을 제시한 데 있습니다. 이 책을 보고 뭔가 경각심을 얻었다면 성공한 것입니다. –2b**oya

과자, 청량음료가 사람의 심신에 얼마나 안 좋은 영향을 미치는지에 대해 적나라하게(?) 밝힌 책. –ha**y

좋은 식생활도 습관이겠죠? 습관도 우리가 조금만 노력하면 얼마든지 고칠 수 있다는 사실을 깨닫게 해 주네요. –kd**234

폭탄선언 같은 제목이 눈에 확 들어오네요. 필수 영양소의 결핍이 우리 삶을 얼마나 황폐하게 만드는지를 임상사례들을 통해서 경고해 줍니다. –ha**yrich

음식과 영양의 중요함을 깨닫게 해준 책. –ma**zzang

잘 먹는 것만으로도 충분히 건강해 질 수 있다는 것을 일깨워 주네요. –hy**17

식이요법과 자연식에 대해서 많이 알고 있다고 생각했는데 막상 들여다보니 너무나 부족했다는 걸 느낍니다. 온 가족이 함께 보기에 좋은 책이에요. –so**heart

제가 약간 비만이라 이 책을 선택했는데 지금 먹는 음식에 대해 다시 생각하게 하는 계기가 되었어요. –be**ird

아무런 이유 없이 몸이 아프거나 짜증이 치밀면 내가 먹는 음식이 무엇인지 살펴보세요. 거기에 원인이 숨어있을지도 모르니까요. –아이*

한 번 뿐인 인생, 인생을 좌우하는 식생활. 지금 당장 실행에 옮겨야겠습니다. –ke**890

나쁜 엄마가 되지 않기 위해 끊임없이 공부해야 된다는 사실을 다시 한 번 깨닫게 되네요. 아이가 더이상 패스트푸드 먹는 걸 내버려 두고 싶지 않다면 이 책을 권하고 싶습니다. –곰**리

가공식품의 실체를 알고 나니 먹거리를 선택하는 일이 더욱 어려워졌지만 우리 아이를 위한 것이기에, 아이의 미래와 관련된 것이기에 더욱 관심을 갖고 노력하자는 다짐을 하게 되네요. –제리*

내 아이에게 좋은 것을 먹이고 싶은 엄마들에게 추천해 드립니다. 특히나 아이들이 꼼짝 못하는 놀이방, 유치원 선생님들 꼭 읽어보시고, 아이들 먹거리에 안전 보호막을 부탁드립니다. –in**rgo79

아이가 원하니까, 편하니까 하는 이유는 핑계에 불과하죠. 진정으로 내 아이의 건강, 두뇌, 미래를 위한다면 뭐라도 더 먹이려고 하기 보다는 정말 좋은 것을 먹이기 위해 노력해야겠어요. –영제*

삼시 세끼 챙겨 먹이지만 무심코 간식으로 과자를 주고 있었고, 주말이면 아이들을 위한다고 햄버거나 피자를 사주었습니다. 그런 음식들이 아이를 범죄자로 만들 수도 있다는 사실이 무섭네요. 아이들을 위해 무엇을 해줄 것인가를 다시 고민해봐야겠습니다. —그**리

초콜릿이든 햄버거든 라면이든 아이가 맛있게 먹는 것만 보고 행복해 한 적은 없었는지 많이 반성하게 해주는 책이었어요. —ho**075

내 아이의 식습관을 건강하게 지켜내기 위해선 우리 어른들의 식습관이 변해야 한다는 중요한 사실을 깨닫게 해줍니다. 좋은 엄마가 되기 위해서 정말 꼭 한 번 읽어볼 만한 책인듯해요. —두**리

아기가 커가면서 가끔씩 다시 읽으면서 엄마로서의 마음을 다잡고, 건강한 음식을 먹이리라 다짐하게 만드는 참으로 고맙고 또 무서운 책인 것 같습니다. —오*

잘못된 식습관이 신체적 문제만을 야기시키는 것이 아니라 정신적인 문제까지 불러올 수 있다는 것을 다시금 깨닫게 해주었어요. —최지*

저혈당과 영양결핍이 집중력 장애와 폭력적인 성격, 우울증, 정신분열증까지 이르게 한다니… 부모로서 정신 바짝 차리고 나쁜 음식들로부터 아이를 멀리하도록 잘 지도하고 이끌어야 될 것 같습니다. —pm**004

이 책을 읽고 너무 충격이었습니다. 바쁘다고, 편하다고 아이가 좋아하는 것들을 사먹인 게 내 아이의 두뇌에 독이 되고 있다니ㅜㅜ 그동안 재료비가 더 든다고 아이가 먹고 싶다는 걸 그냥 사먹인 제가 너무 너무 싫어지네요. —se**e

지금 당장 우리 집에 있는 먹거리들을 다시 한 번 살펴보고 내 아이들에게 무엇을 먹일 것인지 고민해 봐야겠어요. —ec**mi45

우리 부모님들이 꼭꼭 봐야할 책이 아닌가 싶습니다. 요새 아들내미 틱증상과 함께 주의력이 부족해서 치료를 받고 있던 중이라 더욱 필요한 책이 아니었나 싶습니다. —예**진

뚜렷한 질환을 앓고 있지 않더라도 일주일에 한번 이상 패스트푸드와 인스턴트식품을 섭취하는 가정이나, 이유 없이 산만하고 폭력적인 성향을 보이는 자녀를 둔 부모라면 이 책을 보셔야 합니다. —ds**rch

아이가 자랐을 때 초콜릿 간식을 자꾸 찾을 경우 이 책을 보여주며 논리적으로 설득하려 합니다. 꼭 문제 행동을 보이는 아이의 부모뿐 아니라 가족의 건강을 생각하는 주부, 특히 자라나는 어린이가 있는 집이라면 이 책을 권하고 싶습니다. —wo**eebest

먹고 싶은대로
먹인 음식이
당신 아이의
머리를 망친다

SHOKUJI DE NAOSU KOKORO NO YAMAI
by
Osawa Hiroshi
Copyright ⓒ 2003 Osawa Hiroshi All rights reserved.
Originally published in Japan by DAISAN BUNMEI SHA, Tokyo.
Korean translation rights arranged with DAISAN BUNMEI SHA,
Japan through THE SAKAI AGENCY.
Korean translation Copyright ⓒ 2005 by Goldenowl Publishing Co.

이 책의 한국어판 저작권은 사카이 에이전시를 통한
DAISAN BUNMEI SHA와의 독점계약으로 (주)황금부엉이가 소유합니다.
저작권법에 따라 한국 내에서 보호를 받는 저작물이므로 무단 전재와 무단 복제를 금합니다.
이 책 내용의 일부 또는 전부를 이용하려면 반드시
저작권자와 (주)황금부엉이의 서면 동의를 받아야 합니다.

개정 4판

먹고 싶은대로 먹인 음식이 당신 아이의 머리를 망친다

오사와 히로시 지음 ★ 홍성민 옮김

먹고 싶은대로 먹인 음식이 당신 아이의 머리를 망친다

| 개정 4판 |

2005년 9월 28일 초판 1쇄 발행
2009년 4월 20일 개정판 1쇄 발행
2011년 7월 18일 개정2판 1쇄 발행
2013년 8월 14일 개정3판 1쇄 발행
2017년 12월 13일 개정4판 1쇄 발행
20121년 6월 2일 개정4판 5쇄 발행

지은이 | 오사와 히로시
옮긴이 | 홍성민
펴낸이 | 이종춘
펴낸곳 | (주)첨단

주소 | 서울시 마포구 양화로 127 (서교동) 첨단빌딩 3층
전화 | 02-338-9151
팩스 | 02-338-9155
인터넷 홈페이지 | www.goldenowl.co.kr
출판등록 | 2000년 2월 15일 제 2000-000035호

전략마케팅 | 구본철, 차정욱, 나진호, 이동후, 강호묵
제작 | 김유석
경영지원 | 윤정희, 이금선, 최미숙, 정유호

ISBN 978-89-6030-496-3 13510

책값은 뒤표지에 있습니다.
잘못된 책은 구입하신 서점에서 바꾸어 드립니다.
이 책은 신저작권법에 의거해 한국 내에서 보호를 받는 저작물이므로 무단 전재 및 복제를 금합니다.
이 책은 2005년, 2009년, 2011년, 2013년에 출간된 『먹고 싶은 대로 먹인 음식이 당신 아이의 머리를 망친다』의 개정판입니다.

> 황금부엉이에서 출간하고 싶은 원고가 있으신가요? 생각해보신 책의 제목(가제), 내용에 대한 소개, 간단한 자기소개, 연락처를 book@goldenowl.co.kr 메일로 보내주세요. 집필하신 원고가 있다면 원고의 일부 또는 전체를 함께 보내주시면 더욱 좋습니다.
> 책의 집필이 아닌 기획안을 제안해주셔도 좋습니다. 보내주신 분이 저 자신이라는 마음으로 정성을 다해 검토하겠습니다.

| 머리말 |

먹고 싶은 대로 먹인 음식이
당신 아이의 머리를 망친다

    필자는 의사는 아니다. 그러나 심신의 병을 앓고 있는 많은 사람들을 대하고, 영양에 관한 의학서를 읽고 번역하면서 의사가 모르는 저혈당증의 공포를 실감할 수 있었다. 영양소와 뇌의 관계 역시 마찬가지이다. 지금까지 기회가 있을 때마다 강연과 집필을 통해 저혈당증으로 일어나는 폭력 등의 여러 가지 문제에 대해서 언급했고, 그로 인해 전국에서 상담 문의가 끊이지 않았다. 급한 경우에는 전화 상담도 받는데, 다음과 같은 일도 있었다.

    2002년 어느 봄날, 밤 9시경이었다. 집에서 저녁식사를 마치고 목욕을 한 후 쉬고 있는데 전화벨이 울렸다. 이미 한두 번 상담한 적이 있는 지방에 사는 한 어머니에게서 걸려온 전화였다. 23살짜리 아들이 발작을 일으켜 폭력을 휘두르는데 어떻게 해야 좋을지 모르겠다는 것이다. 아들은 "날 좀 어떻게 해줘! 어서 콜라를 사와!" 하고 소리를 질렀고 어머니는 무서워서 콜라를 사다주었다고 했다. 그 어머니는 콜라나 커피를 많이 마시면 나타나는 증상의 무서움에 대해 알고 있었지만 이미 사다주었으니 하는 수 없었다.

잊을 수 없는 상담 사례도 있다. 3형제를 둔 어머니로부터의 상담이었는데, 첫째 아들은 자살을 했고, 둘째 아들은 결혼 후 따로 산다고 했다. 함께 살고 있는 셋째 아들은 입버릇처럼 죽고 싶다고 하면서 최근에는 자살 미수도 일으켰다. 그리고 이번에는 큰형의 제삿날이 지나면 죽을 거라는 선언까지 했다. 3형제는 어릴 적부터 초콜릿을 먹으며 자랐다. 어머니 자신이 초콜릿을 좋아해서 늘 냉장고에 산처럼 쌓아 두어 형제들은 초콜릿을 맘껏 먹을 수 있었다. 초콜릿은 많이 먹는다고 해서 그 악영향이 금방 나타나는 것은 아니지만 대량으로 계속 먹으면 설탕과 카페인을 대량 섭취하는 것이 되어 저혈당, 비타민B의 소모, 카페인 중독을 일으킨다.

이같은 상담을 받으면서 현대사회에서 일어나는 식생활 붕괴의 무서움을 실감할 수 있었다. 그러나 현대의 정신의학자들은 이러한 '영양'에 대한 문제점을 전혀 인식하고 있지 않은 듯하다.

오사와 히로시

Contents

머리말 • 005

1장 식생활이 인생을 좌우한다

01 식생활이 무너지고 있다
영양이 부족한 젊은이들 • 016

02 영양과 범죄는 깊은 관계가 있다
살인범의 뇌는 특별했다 • 020 | 혈당이 떨어지자 폭력적으로 변하다 • 021 | 비타민·미네랄이 뇌에 미치는 영향 • 022

03 청소년 범죄, '마음'으로 접근하라
'마음'의 차원에서 접근하라 • 025

04 영양이 풍부해야 정신이 건강하다
리드 여사의 증언 – 식생활이 문제였다 • 026 | 마이클 레서 박사의 증언 – '회전식 문' 정신의학 • 028

05 저혈당과 영양결핍은 공격성을 부른다
저혈당증의 증상 • 031 | 왜 '공격 호르몬'이 방출될까? • 032

06 저혈당 검사는 받은 적이 없어요!
저혈당이 문제의 원인이다 • 035

07 당신의 뇌에 설탕은 부족하지 않습니까?
폭력적인 아버지의 식생활 • 037 | 설탕의 대량 섭취는 저혈당증을 부른다 • 038 | 무서운 설탕 광고 • 039

08 제대로 먹어야 제대로 산다
컵라면을 먹고 쓰러진 사람들 • 042 | '기(氣)'의 중심은 쌀 • 043 | 알고 있지만 실행하지 않는 사람들 • 044

》 먹거리가 아이들 경쟁력이다! • 046

2장 비타민과 미네랄이 중요하다

01 건강보조제를 최대한 활용하라
음식물만으로는 필요한 영양소를 섭취할 수 없다 • 051

02 비타민과 미네랄이 중요한 이유
비타민이란 무엇인가? • 053 | 각기병은 영양부족으로 생겼다 • 054 | 미네랄이란 무엇인가? • 055

03 지용성 비타민, 알고 먹자
눈과 점막에 필요한 비타민A • 058 | 뼈 형성을 촉진시키는 비타민D • 059 | 항산화·노화 방지·성기능 촉진 비타민E • 061 | 혈액을 응고시키는 비타민K • 062

04 수용성 비타민, 알고 먹자
신경 비타민 – 비타민B1 • 064 | 비타민B1 결핍으로 사라진 기억 • 065 | 성장 촉진 비타민 – 비타민B2 • 067 | 피부와 신경 비타민 – 비타민B3 • 068 | 단백질 형성 비타민 – 비타민B6 • 070 | 항 악성빈혈 비타민 – 비타민B12 • 071 | 적혈구 증식 비타민 – 엽산 • 072 | 항 스트레스 비타민 – 판토텐산 • 072 | 흰 머리를 방지하는 비타민 – 비타민H • 073 | 콜라겐 강화 비타민 – 비타민C • 074

》》 비타민 D, 너는 사랑♥ • 076

3장 마음·정신·영양 – 새로운 의학의 조류

01 '몸의 이상'을 무시하는 카운슬링
카운슬링에 대한 기대 • 080 | 심리주의로 충분할까? • 081 | '몸의 이상'을 간과하지 마라 • 083

02 식생활에 무관심한 정신의학계
설탕과 폭력은 상관이 없다? • 085 | 과자를 먹어야 병이 낫는다? • 087 | 영양학을 무시하는 의사와 카운슬러 • 087

03 영양으로 접근하라
식생활에 주목하면 영양 카운슬링이 보인다 • 090 | 영양 카운슬링을 위한 지침 • 091

04 폐쇄적인 의료계, 대화가 필요한 환자
의료계가 폐쇄적인 이유 • 094 | 의사와 환자, 대화가 필요해! • 095

05 정신의학계는 '영양'을 무시한다
'영양'에 대해 언급하지 않는 잡지의 특집 기사 • 097 | 정신과 교수 사전에 '영양'은 없다 • 099

06 잘못된 진단으로 시작된 10년간의 투병생활
초콜릿을 먹는 저혈당증 환자 • 100 | 30여 가지의 병명에 33가지의 약 • 102 | 의사가 시키는 대로 다 했다! • 103

07 현미식으로 완치된 마음의 병
영양사의 식사로 완치된 정신과 환자 • 107 | 영양요법을 적대시한 미국 정신의학회 • 109

08 식사로 치료할 수 있는 몸과 마음의 병
식사로 치료할 수 있는 것을 다른 수단으로 치료하려 하지 마라 • 111 | 전통식에 눈을 돌리자 • 113

》》 아이를 위한 영양 테라피 • 116

4장 정신질환에는 영양요법으로 다가가라

01 정신질환과 영양의 관계
정신분열증과 영양과의 관계를 발견하려고 한 연구들 • 120

02 단백질이 중요하다 – 마이클 레서의 정신분열증 치료법
단백질 섭취로 치료한 초기 정신분열증 • 124 | 병을 악화시키는 식욕부진 • 125

03 생화학으로 접근한 정신분열증 – 칼 파이퍼의 정신분열증 연구
5가지 바이오 타입의 정신분열증 환자 • 127 | 첫 번째 타입 – 히스타페니아 • 129 | 두 번째 타입 – 히스타데리아 • 130 | 세 번째 타입 – 피롤리아 • 131 | 네 번째 타입 – 뇌 알레르기 • 132 | 다섯 번째 타입 – 저혈당증 • 133

04 페비타민B3를 먹어라 – 아브람 호퍼의 정신분열증 연구
아드레날린 생성을 막는 비타민B3 • 136 | 아드레날린과 노르아드레날린 • 137 | 소변에서 크립토피롤이 검출됐다 • 138 | 나이아신 투여로 혼수상태에서 깨어나다 • 140 | 설탕 대신 비타민을 먹어라 • 142 | 샌드위치에 비타민B3를 넣은 아버지 • 143

05 불포화 지방산 EPA를 투여하라 – 호로빈의 정신분열증 연구
호로빈의 연구 • 146

》 설탕 팩트폭행 • 149
》 ADHD, 영양으로 케어하자 • 150

5장 마음의 병에 걸린 사람들이 원하는 것

01 약에 지친 사람들
'말에게 먹일 수 있을 만큼' 많은 분량의 약 · 154 | 딸은 평소에 단 것을 좋아했다 · 155 | 비타민 종합제로 완치되다 · 156 | 역시 저혈당증이었다 · 157 | 잃어버린 10년 – 부모의 분노 · 158

02 약을 거부하는 환자들, 약에 기대는 의사들
비타민B3의 효과에 환호하는 가족들 · 161 | 약에 기대는 병원과 의사들 · 162

03 비타민B3로 좋아졌다
사례 1 · 165 | 사례 2 · 166 | 사례 3 · 166

04 환자의 정신, 마음, 몸을 보라
환자의 정신을 무시하지 마라 · 167 | 환자의 마음을 함께 느껴라 · 169 | 몸에 영양으로 접근하라 · 170

>> 구석기 식단 한 끼의 잠재력 · 173
>> 저혈당을 잡아야 행복이 온다 · 175

6장 약을 먹이기 전에 식사부터 바꿔라

01 단 것을 좋아한 치매 노인들
설탕 섭취는 치매로 가는 지름길 · 178 | 설탕만 줄여도 당대사는 저하된다 · 180 | 과자를 주지 않자 치매가 멈췄다 · 181

02 학교를 가지 않는 아이들
인스턴트라면과 청량음료를 먹는 아이들 · 182 | 역시 저혈당증이 문제였다 · 185 | '현재의 요인'에 주목하자 · 186

03 일상다반사가 된 폭력
폭력적인 아들을 죽인 아버지 · 189 | 약을 먹고 사람을 죽이는 아이들 · 190 | 새로운 항우울제의 부작용 · 191

>> 청소년 식단의 허와 실 · 193
>> 건강이 스펙이다 · 196

INDEX · 198

1장

식생활이
인생을 좌우한다

01

식생활이 무너지고 있다

　　　　기아로 허덕이는 몇몇 나라를 제외하곤 대부분의 나라에서는 먹을 것을 걱정하지 않는다. 슈퍼마켓에 가면 전 세계의 식재료가 즐비하게 진열되어 있어서 돈만 있으면 무엇이든지 손에 넣을 수 있으니 말이다. 이렇게 편리한 세상이 되었지만, 그 한편으로는 식사의 불균형이 심각한 문제로 부상하고 있다.

　전쟁이 한창이던 60년 전에도 식량 부족으로 배를 곯는 경우가 허다했는데, 지금처럼 먹을 것이 넘쳐나는 사회에서 식사를 거르거나 식사다운 식사를 못 하는 말도 안 되는 일이 일어나고 있다. 또 미식가라고 칭하며 호사스러운 식사를 하는 것을 풍요로움의 상징으로 여기기만 할 뿐 필수 영양소가 불충분한 식사가 인간의 몸에 어떠한 영향을 주는지에 대해서는 대부분의 사람들이 인식하지 못하고 있다.

아직도 완전히 밝혀지지 않은 인간 체내의 생명과정. 대부분의 사람들은 먹지 않으면 몸이 약해지고 결국 굶어서 죽게 된다는 정도만 알 뿐이다. 어떻게 해서든 배를 채우기만 하면 사는 데는 지장이 없고 먹기만 하면 영양소가 충분하다고 믿는 사람들이 의외로 많지만 사실은 그렇지 않다.

매일의 식사는 살아가는 데 기본이 된다. 모유를 먹고 자란 갓난아기는 성장하면서 이유식, 보통식으로 이행한다. 음식물을 통해서 당질과 단백질, 지질, 비타민과 미네랄을 섭취하는 것이다. 몸의 각 조직과 심신의 작용은 이들 영양소에 의해 크게 좌우된다. 걷거나 달리는 운동기능이나 혈액과 뼈를 만드는 것 외에도 인간의 생각과 행동을 관장하는 뇌의 기능도 필요한 영양소가 채워질 때와 그렇지 않을 때 차이가 많이 난다. 뇌와 영양은 깊은 관계가 있는 것이다.

영양이 부족한 젊은이들

한 젊은이를 예로 생각해보자. 부모 밑에서 평범하게 자란 20세의 H군이 사람들과 어울리는 것을 꺼려하며 방 안에 혼자 틀어박히게 된 것은 1년 전으로, 프리터^{Freeter}[1]로 일하던 패스트푸드점을 그만두었을 때부터이다. 직장에서 무슨 일이 있었는지, 실연 때문에

좌절한 것인지 부모는 알 수가 없었다.

　H군의 식생활은 어땠을까? 일을 마치고 집에 돌아오는 것은 늦은 밤일 때가 많아서 방에서 컵라면이나 캔 커피, 콜라, 과자를 먹는 생활을 계속한 듯하다. 아마도 H군이 방 안에 혼자 틀어박히게 된 데는 영양이 큰 원인이라고 할 수 있겠다.

　이후에 자세히 다루겠지만 소당류[2]나 카페인의 과잉섭취, 양질의 단백질 부족, 비타민과 미네랄 부족 등으로 자율신경이 균형을 잃어 심신의 기능이 저하된다. 그러나 현재 은둔형 외톨이[3]의 사회거부 증후군이나 부등교 문제를 식생활과 영양적인 관점에서 도와주려는 사람은 거의 없다.

　젊은 여성들의 다이어트도 문제가 된다. 남성의 입장에서 보면 건강미를 잃은 여성에게는 아무런 매력도 느껴지지 않는데 여성들의 '위대한 착각'은 여전히 고쳐지지 않고 있다. 비만을 의식해 필요 이상으로 마르고 싶어 하는 젊은 여성들에게 공통으로 발견되는 것은 병색이 완연한 얼굴과 보기에도 부러질 것 같은 골격, 탄력 있는 건강미의 결여이다. 이보다 더 무서운 것은 자신의 육체는 물론 정신건강도 좀먹어간다는 사실을 깨닫지 못한다는 것이다. 딸이 정신분열증이라는 진단을 받았다는 상담 중에는 15~16세 때 다이어트를 한 후부터 이상해졌다는 예가 꽤 있는데, 여기서도 영양과 뇌의 관계를 미루어 짐작할 수 있다.

각주

1 프리터(Freeter) 프리(Free)와 아르바이터(Arbeiter)의 합성어. 직장에서 정규직으로 일하는 대신 자유롭게 파트타임으로 일하는 젊은이를 일컫는 말이다. 일본의 경제불황 중 나타난 젊은이들의 양상으로, 크게 취업난을 피하기 위한 수단과 자유로운 삶을 영위하는 방식으로 그 형태를 나눌 수 있다. 최근 우리나라에서도 청년 실업의 증가와 함께 급격하게 그 수가 늘어나고 있다.

2 소당류(少糖類) 탄수화물을 구성하고 있는 단당류(單糖類)가 2개에서 10개 정도 결합된 당류로 과당류(寡糖類), 올리고당(Oligosaccharide)이라고도 한다. 단맛을 가지고 있지만 열량을 적게 내고 체내의 소화효소에 의해 분해되지 않아 최근에는 기능성 식품에 설탕 대신 사용되기도 한다.

3 은둔형 외톨이 일체의 사회활동을 거부하고 장기간 방 안에 틀어박혀 생활하는 사람들을 가리키는 말로, 일본어로 '히키코모리'라고 한다. 히키코모리는 1970년대 입시에 시달리던 일본 청소년들의 등교 거부에서 시작되어 현재 일본의 심각한 사회문제로 떠오르고 있다. 우리나라의 경우에도 점차 그 비율이 늘어나고 있다.

02

영양과 범죄는 깊은 관계가 있다

　　설마하고 생각하겠지만 영양과 범죄는 서로 깊은 관계가 있다. 특히 사기꾼이나 경제사범 같이 지능적인 범죄를 저지른 사람이 아닌, 평범하게 보이는 사람이 갑자기 거칠고 사납게 구는 폭력적인 행동과 관계가 깊다.

　영양부족으로 뇌의 정상적인 기능이 저하되면 제대로 된 생각을 할 수 없게 된다. 자신의 행동이 어떤 결과를 불러일으킬지 예측하거나 상상할 수 없게 되고, 부정적인 감정이 지배하여 공격적인 행동을 취하게 되는 것이다.

살인범의 뇌는 특별했다

후쿠시마 아키라가 쓴 〈어린이의 뇌가 위험하다〉에서는 살인범 뇌의 당대사에 대한 연구가 소개되어 있다.

미국 남캘리포니아 대학의 레인[Adrian Lane] 교수 연구팀은 1994년에 살인범과 대조군, 각 22명에 대한 뇌의 당대사를 조사했다. 조사 결과, 살인범 뇌의 전두부의 당대사가 전체적으로 저하되어 있었다. 특히 전두엽[1]의 당대사가 낮아 대조군과 확연한 차이를 보였다. 1997년에는 15명의 계획살인범과 9명의 충동살인범을 41명의 대조군과 비교했다. 충동살인범의 경우에는 좌우 전두엽의 당대사 저하와 우반구 피질하핵의 당대사 항진이 확인되었는데, 계획살인범의 경우에는 이러한 변화의 정도가 가벼웠다.

영국의 볼코프[Volkov]도 1990년에 거칠고 난폭한 행위로 구류된 4명의 범인을 관찰하여 전두엽과 왼쪽 측두엽[2]의 뇌 혈류량과 당대사가 눈에 띄게 저하되어 있는 것을 확인했다. 미국의 고이어[Goyer]는 1994년에 공격행동으로 인격장애를 진단 받은 17명을 관찰한 결과, 이상행동의 점수가 높은 자는 전두엽 하부의 당대사가 눈에 띄게 낮다는 것을 발견했다.

이러한 연구 결과는 살인이라는 공격행동의 발생과 뇌의 당대사 사이에 깊은 관계가 있다는 것을 나타내는 것으로, 그만큼 영양 문제가 중요하다는 것을 암시하고 있다.

혈당이 떨어지자 폭력적으로 변하다

알렉산더 샤우스Alexander Schauss가 쓴 〈영양과 범죄행동〉에는 영양의 관점에서 범죄행동을 본 많은 연구가 소개되어 있다. 그 가운데에서도 주목해야 할 것은 바로 당에 관계하는 저혈당증과 범죄에 대한 연구이다. 샤우스는 다음과 같은 경우를 예로 들고 있다.

분노 반응이 심하고 2년 동안 지속적으로 아내를 폭행한 20세의 남성이 있다. 그의 혈액, 소변, 모발 분석과 함께 식사 평가 등이 실시되었다. 영양행동 질문표에서 저혈당증이 의심되어 6시간의 당부하 검사를 실시했다. 채혈은 4시간 동안 진행되었다. 20분 후 그의 혈당은 84mg/dl에서 48mg/dl까지 떨어졌다. 심한 혈당 저하였다.

이때 그는 흥분하기 시작했고 그의 행동을 제어하는 것이 어려워졌다. 어느 시점부터는 간호사가 겁을 낼 만큼 과격한 행동을 하기 시작했다. 그는 간호사에게 "아내는 언제 집에 갔느냐"며 몸에 위해를 가하기도 했다.

검사가 끝난 후 그가 일으킨 행동에 대해 이야기하자 그는 간호사에게 아무 말도 하지 않았으며 그런 행동을 한 이유에 대해서 생각조차 할 수 없다고 말했다. 저혈당으로 의식도 희미해졌던 것이다.

비타민·미네랄이 뇌에 미치는 영향

미국, 캐나다, 그 외 여러 나라의 정신의학계에는 새로운 흐름에서 '분자교정의학'[3]이라는 학문이 새로운 흐름을 형성하고 있다. 이 흐름의 중심은 캐나다의 정신의학자 아브람 호퍼$^{Abram\ Hoffer}$로, 그는 〈분자교정의학〉이라는 잡지의 편집장도 맡고 있다.

호퍼는 그의 저서에서 분자교정의학은 정신건강을 촉진하기 위해서 체내에 존재하는 분자의 최적량을 이용하는 것이라고 말했다. 또 라이너스 폴링$^{Linus\ Pauling}$ 박사의 말을 인용해 "분자교정의학은 중요한 뇌 성분의 최적 농도를 개개인에게 제공하는 것으로, 많은 정신질환자를 가려내는 치료법이 될 수도 있다"고 소개했다. 또 "인체에 정상적으로 존재하는 비타민 등의 물질의 농도를 바꾸는 것으로 정신건강을 달성하고 유지하는 것, 그것이 분자교정의학의 가장 큰 테마이다. 필경 뇌의 기능은 다른 기관의 기능보다 더욱 민감하게 분자적 구성과 구조에 의존하고 있을 것이기 때문이다"는 말에 역점을 두고 소개하고 있다.

분자교정의학이라는 말이 다소 어렵게 느껴질 수도 있지만 이 말에서 영양과 범죄혹은 정신질환의 관계를 알 수 있다. '분자'란 당, 비타민, 미네랄 등 물질의 최소 단위이다. 쉽게 말하면 뇌가 정상적으로 기능하기 위해서는 비타민과 미네랄이 안정적으로 제공되어야 하고, 이것이 결핍되거나 균형이 깨지면 정신질환이라는 증상과 범죄라는 반사회적인 행동이 나타난다는 것이다. 실로 설득력 있는 이론이다.

  호퍼는 이런 입장에서 정신의학의 최대 문제인 '정신분열증'의 발병 원인과 치료법을 연구하여 비타민B3^{나이아신}에 의한 치료법을 개발, 획기적인 성과를 올렸다. 그러나 유감스럽게도 이것은 현대 의학의 주류는 아니다. 뒤에서 자세히 설명하겠지만 오늘날의 정신의학은 대개 약물요법에만 의존하여 영양을 완전히 무시하고 있기 때문이다. 환자와 그 가족에게는 아주 불행한 일이다.

각주

1 전두엽(前頭葉) 대뇌의 중심부의 앞쪽 부분으로 주의력, 사고력 등을 관장한다. 이곳에 장애가 생기면 집중력이 떨어지거나 한 가지 동작만 반복하게 된다. 부위에 따라 상이한 기능을 하는 것으로 알려져 있는데, 아직 그 기능에 대한 연구는 계속 진행되고 있다.

2 측두엽(側頭葉) 언어, 청각, 미각, 지각, 기억과 정서를 관장하고 있다. 측두엽이 장애를 입으면 환각, 환청, 기억장애, 언어장애 등의 증상이 나타날 수 있다. 양쪽 측두엽이 손상을 입으면 공격성을 드러내거나 모든 일에 무력해지는 증상이 나타나기도 한다.

3 분자교정의학(分子矯正醫學) 세포를 구성하는 분자를 대상으로 질병의 원인과 해결책을 찾아내는 새로운 의학기술을 말한다. 세포의 활동에 필요한 영양소를 공급하면 인간이 가진 자연 치유력이 복원되어 비정상 세포를 정상 세포로 유도할 수 있다는 이론이다. 분자교정의학의 연구 결과 대부분의 정신신경계 환자에게 비타민과 미네랄이 부족하다는 것이 밝혀졌다.

03

청소년 범죄, '마음'으로 접근하라

청소년의 흉악 범죄가 사회문제로 대두되고 있다. 10여 년 전만 해도 청소년에 의한 살인사건이 사회에 미치는 영향은 대단했지만 지금은 청소년에 의한 폭력사건, 살인사건이 심심치 않게 일어나는 것을 볼 수 있다.

중학생이 초등학생을 살해하고 고등학생이 학교 친구들에게 총기를 난사하여 여러 명이 죽는 등 지구촌 곳곳에서 일어나고 있는 일련의 사건은 정신의학 치료법에 큰 의문점을 던져준다.

'마음'의 차원에서 접근하라

청소년의 흉악 범죄가 이어지자 일본의 문부대신^{우리나라의 교육부 장관에 해당}은 중앙교육심의회에 '마음의 교육'에 대해 자문을 구했다. 흉악 사건에 대해서조차 마음의 교육이라는 차원으로밖에 물을 수 없는 일본 교육행정에 실망하지 않을 수 없었지만, 매스컴도 이 같은 발상의 빈약함을 날카롭게 비판하지 않았다.

교육이란 마음을 풍요롭게 하는 행위로, 마음의 교육은 최근 시작된 것이 아니다. 문제의 본질이 마음에 있다고 해도 그 '병든 마음'을 만든 것이 과연 교육 차원의 문제일까? 만약 그것이 교육과는 다른 차원에서 발생한 문제라면 학교마다 카운슬러를 배치해도 근본적인 개선책은 되지 않을 것이다. 일본에는 마음뿐만 아니라 영양이라는 생물적인 차원에도 눈을 돌려 도와줄 수 있는 카운슬러가 없다.

뇌와 영양의 관계, 영양과 범죄, 영양과 정신질환이라는 관계를 이해하지 않고서는 적절한 원조는 불가능하다. 청소년의 폭력, 부모의 유아 학대, 무차별적인 범죄, 배우자 폭행, 차내 폭력 등 일본을 '폭력 열도'로 만들고 있는 지금의 현상도 '마음'의 차원에서 해석하고 다루지 않는 한 사건의 심각성은 물론 발생 빈도는 계속 증가하게 될 것이다.

04

영양이 풍부해야 정신이 건강하다

1977년 6월, 미국 상원에서 조지 맥거번^{George Mcgovern}을 위원장으로 하는 영양문제 특별위원회[1]의 공청회가 개최되었다. 주제는 '정신긴강과 발달에 관한 영양의 영향에 대해서'였다. 증언자 가운데는 오하이오 주 카야호가 재판소의 보호관찰관 리드 여사와 정신의학자 마이클 레서 박사가 있었다. 여기에서는 리드^{Reed} 여사와 마이클 레서^{Michael Lesser} 박사가 증언한 기록의 일부를 소개한다.

리드 여사의 증언 – 식생활이 문제였다

나는 스트레스를 많이 받으면 떨림과 우울증세, 피로를

느끼는 것은 물론 내가 무슨 일을 했는지 기억하지 못하는 공백 시간이 생긴다는 것을 알게 되었다.

어느 날, 건물의 2층에서 계단을 내려와 터널을 지나 다른 건물의 9층으로 올라가는 엘리베이터를 타고 변호사를 만나러 갔다. 그런데 어떻게 해서 그곳까지 갔는지, 내가 무슨 이야기를 했는지 전혀 기억나지 않았다. 의사를 찾아가 말하자 긴장한 탓이라며 안정제를 복용하라고 했다.

나는 약을 먹지 않고 다른 의사를 찾아갔다. 그러나 그 의사도 안정제를 처방해 주었다. 나는 안정제를 먹지 않고 개선법을 찾던 중에 하우저라는 영양연구가가 쓴 책을 읽게 되었고, 그곳에 소개된 방법대로 실행하여 건강을 회복하게 되었다.

그때 내가 깨달은 것은 소매치기 사건으로 붙잡혀온 여성의 대부분이 빈혈, 갑상선 장애, 갱년기 장애를 갖고 있었다는 객관적인 사실이었다. 그 후 저혈당증에 대한 책을 읽게 되었고 영양과 범죄의 관계에 대해서 눈을 뜨게 되었다.

1974년, 한 남자가 총을 갖고 아내와 두 자녀를 인질로 경찰과 대치하는 사건이 발생했다. 그는 가족을 총으로 살해한 후 자신도 죽을 작정이었는데 계속된 경찰의 설득으로 총을 버리고 밖으로 나왔다. 그는 즉시 정신병원으로 보내졌고 안정제가 투여됐다.

사건 발생 1주일이 지났을 무렵, 나는 그를 만나 정신 상태를 테스트한 후 나이아신^비타민B3이 많이 들어있는 항 스트레스 비타민 보조제를 주고, 야채와 단백질을 섭취하게 했다. 사건이 일어나기 전 그는 주로 감자와 콩, 탄산음료, 포테이토칩 등을 즐겨 먹었다고 했다. 나는 그의 아내에게 매주 신선한 야채를 섭취하게 할 것을 지도했다.

5개월 후 그는 내 사무실을 찾아와 생기 넘치는 얼굴로 환하게 웃으면서 "나는 31년 만에 처음으로 기분이 좋다는 것이 어떤 것인지 알았습니다"고 말했다.

리드 여사는 106명의 범죄자 명단을 연구자료로 정리해 놓았는데, 머리말에는 다음과 같이 쓰여 있다.

"알코올이나 약물 중독자들이 일괄적으로 내게 말한 것은 10~12세라는 소년소녀기의 식사에 설탕, 청량음료 등을 많이 섭취했다는 것이다. 그들에게 설탕과 전분을 적게 섭취할 것을 권하고 동시에 모든 정크 푸드Junk Food2를 금하도록 했다. 그 후 인격 변화가 빠르고 극적으로 나타난 예가 종종 있었다. 영양이 좋은 식사를 계속한 후 재판소로 돌아온 사람은 한 명도 없었다."

마이클 레서 박사의 증언 – '회전식 문' 정신의학

나는 여기에서 새로운 과학과 의학의 분야인 분자교정의

학에 대해 말하고 싶습니다. '분자교정의학'이란 폴링 박사에 의해 1968년에 만들어진 단어로, '올바른 분자를 올바른 양으로'라는 의미입니다. 건강을 유지하고 질병을 고치기 위해서 체내에 존재하는 물질을 최적의 농도로 제공한다는 것입니다.

이 개념이 생겨난 것은 이 분야에서 최초의 업적이 나오고 20년이 지나서였습니다. 그 최초의 업적은 캐나다의 호퍼 박사와 오스몬드 박사에 의해서입니다. 그들은 근무하고 있던 정신병원에서 비타민을 이용하여 환자들을 치료하기 시작했습니다. 그러자 놀라운 결과가 나왔습니다. 나이아신, 비타민C, 고단백질, 탄수화물 제한이라는 식사로 입원중인 정신분열증 환자 82%의 증상이 개선된 것입니다. 하지만 유감스럽게도 그들의 업적은 주목받지 못했습니다. 같은 시기에 미국에서 중증의 정신병 치료에 신경안정제가 도입되었기 때문입니다.

신경안정제는 처음에는 매우 효과적인 것으로 생각되었습니다. 환자가 이전보다 훨씬 빨리 퇴원할 수 있게 되었으니까요. 그것은 미국 정신병원의 모습을 열쇠가 걸려 닫힌 정신의학에서 열린 정신의학으로 바꿔놓았습니다. 그러나 불행히도 시간이 지날수록 신경안정제가 처음 생각했던 것처럼 뛰어난 효과를 갖고 있지 않다는 것을 알게 되었습니다. 지금은 환자가 그 문으로 다시 들어온다는 의미로 '회전식 문' 정신의학이라고 부르고 있습니다.

정신병원에 장기간 입원해 있는 환자의 수가 적어진 것은 사실이지만 신경안정제의 출현 이후 정신병원에 입원하는 환자의 수는 늘어나고 있습니다. 신경안정제가 정신분열증 등 정신질환을 치료하지 못하는 것은 분명합니다. 그것은 환자를 일시적으로 조용하게 만드는 화학적인 구속복[3]일 뿐입니다.

레서는 30여 년 전에 이미 '신경안정제는 화학적인 구속복'이라고 단정했다. 그러나 현재의 정신의학에서는 그 같은 약만 사용하려 하고 있다. 영양에 눈을 돌리는 정신과 의사는 거의 없는 것이다.

각주

1 영양문제 특별위원회 1970년대, 미국인의 영양 섭취율이 늘어났음에도 불구하고 의료비 지출이 줄지 않자 상원에서는 영양문제 특별위원회를 발족했다. 위원회는 2년 동안 식생활이 건강에 미치는 영향을 조사하여 보고서를 작성했다. 보고서에서는 심장병, 고혈압, 암, 비만 등 원인을 알 수 없는 각종 질병의 원인은 식생활의 잘못에 있으므로 식생활이 바뀌어야만 질병을 예방하고 치료할 수 있다고 밝히고 있다.

2 정크 푸드(Junk Food) '쓰레기 음식'을 뜻한다. 햄버거, 피자, 청량음료, 사탕 및 과자류, 포테이토칩 등 패스트푸드와 인스턴트식품 등을 가리킨다. 정크 푸드에는 우리 몸에 필요한 비타민, 미네랄 등의 영양소가 거의 없고 열량만 높아 비만의 주범으로 손꼽히고 있다.

3 구속복 흉악범이나 정신질환자가 난동을 피우는 것을 막기 위해 입히는 옷. 소매 부분을 교차시켜 허리나 상체 앞쪽으로 묶어 몸을 움직이지 못하게 만든다.

05

저혈당과 영양결핍은
공격성을 부른다

우리 몸의 혈당치[1]는 혈액 1dl당 60~160mg이 유지되도록 되어 있다. 이 혈당치가 50mg 이하가 되면 '저혈당증'이라고 한다. 어느 시점에서 1시간 이내에 혈당치가 50 이상 하강한 경우나 금식 시의 혈당치보다 20 이상 하강한 경우도 저혈당증으로 진단한다.

저혈당증의 증상

저혈당이라고 하면 대개는 당뇨병으로 혈당치를 떨어뜨리는 약을 먹거나 인슐린 주사를 맞는 사람에게 나타나는 것으로 알려져 있다. 저혈당 증상으로는 공복감, 하품, 탈력감, 식은땀, 떨림,

울렁거림, 경련, 성격 변화 사납고 난폭해지거나 그 반대의 경우, 의식장애 등이 차례로 나타난다.

당뇨병 환자가 저혈당인 경우에는 소량의 당을 섭취하는 것으로 쉽게 회복된다. 그래서 저혈당이 되면 당을 섭취하면 된다고 생각하게 된다. 이때 주의해야 할 것이 식원성 저혈당증이다. '식원성 저혈당증'이란 소당류의 과잉섭취로 인슐린이 과잉분비되고 그로 인해 저혈당을 일으키는 것을 말한다. 이런 지식이 없으면 원인이 되는 당을 더욱 섭취하여 증상을 악화시키게 된다.

왜 '공격 호르몬'이 방출될까?

몸의 움직임을 순시대로 실명하면, 저혈당증이 되면 혈당치를 올리기 위해서 부신[2]에서 아드레날린 Adrenaline이라는 호르몬이 방출된다. 이것이 간을 자극해 글리코겐 Glycogen[3]을 포도당으로 분해하여 혈당치를 높인다. 이 호르몬은 '공격 호르몬'이라 불리는 것으로, 위기에 직면했을 때 싸우기 위해 심장을 활발하게 만들어 공격성을 높인다. 이 때문에 저혈당이 되면 공격적으로 변하게 된다.

비타민과 미네랄 결핍도 사람의 행동에 이상을 일으킨다. 비타민 B1이 부족하면 공격적이 되어 사람과 쉽게 싸우게 된다는 것이 실험으로 확인되었다. 칼슘은 '자연의 신경안정제'로 불릴 만큼 신경의 이상흥분을 억제하는 작용을 한다. 마그네슘 결핍 역시 사람을 흥분시킨다. 인스턴트식품이나 육가공품 등의 식품에 사용되는 첨가물인 인산은 칼슘과 마그네슘을 저하시킨다고 한다. 또 납과 카드늄 같은 유독 금속이 체내에 축적되면 뇌에 영향을 주어 흉악 범죄를 저지르게 만든다. 샤우스의 연구에서는 폭력 범죄자의 모발에서 검출된 납과 카드늄의 수치가 정상인보다 높았다는 것이 확인되었다.

일본 센바 시 마리아 클리닉의 가시와자키 요시코 원장이 발행한 〈영양요법 입문〉에는 저혈당증에 대해 자세히 설명되어 있다. 그 일부를 인용해 보자.

"공격 호르몬이라는 아드레날린은 분노, 적의, 폭력 같은 공격적인 감정을 자극하고 반대로 노르아드레날린은 공포감, 자살관념, 강박관념, 불안감 같은 감정을 일으킨다. 노르아드레날린은 대뇌피질 전두영역 영역46의 신경 전달물질이므로 저혈당에 의해 노르아드레날린의 농도가 급상승하면 이성적인 판단이 불가능해져서 발작적인 감정에 지배된다. 패닉Panic4 장애도 같은 메커니즘에 의해 일어난다고 생각된다."

> **각주**
>
> **1 혈당치 혈액** 1dl(deciliter) 속에 들어있는 포도당의 양. mg으로 계산한다.
>
> **2 부신(副腎)** 좌우 신장 위에 있는 내분비 기관으로 피질과 수질로 이루어져 있다.
>
> **3 글리코겐(Glycogen)** 간이나 근육에 저장되는 탄수화물로 근육을 움직여 활동하면 소비된다.
>
> **4 패닉(Panic)** 생명이나 생활에 위험을 느껴 그 위험을 피하기 위해 일어나는 극도의 혼란 상태. '공황'이라고도 한다. 예로 대형건물의 화재, 비행기 사고와 같이 급박한 상황에 직면하게 되면 여러 사람들이 동시에 탈출하기 위해 일으키는 혼란 상태를 들 수 있다. 최근에는 일어나지 않은 사건에 대해 여러 사람들이 공통으로 느끼는 정서가 패닉 현상으로 나타나기도 한다.

06

저혈당 검사는 받은 적이 없어요!

저혈당이 문제의 원인이다

정신분열증이라는 진단을 받은 후 10년 동안 약물치료를 받은 여성이 있다. 그녀의 아버지가 필자에게 상담 의뢰를 했을 때 약의 처방전 가운데 저혈압에 복용하는 약이 있다는 것을 알았다. 저혈당증인 사람은 저체온에 저혈압인 경향이 있기 때문이다. 후에 정신과 약의 부작용에도 저혈압이 있다는 것을 알았다.

그녀의 아버지에게 혈당치에 대해 물어보니 10년 동안 그런 검사는 받은 적이 없다고 했다. 그녀는 10년 동안 10여 곳의 정신과에서 진찰을 받았고 지금은 모 국립대학 부속병원 정신과에서 통원치료 중이라고 했다. 그동안 어느 곳에서도 혈당치는 문제 삼지 않았다고 한다.

　필자는 센바 시의 마리아 클리닉을 소개해 주었다. 그녀는 3일 후에 혈당치 검사를 받았고, 10일 후에 나타난 검사 결과에서는 혈당 곡선이 확실하게 저혈당을 나타내고 있다는 것을 알 수 있었다. 최초의 금식 시의 채혈로부터 2시간 반 후에 혈당치가 44mg/dl라는 매우 낮은 수치로 나타났다. 그녀의 아버지는 "생각해 보니 식사를 하고 2시간 반쯤 지난 후에 난폭해졌던 것 같다"고 말했다.

　그녀는 비타민B3^{나이아신}을 주로 한 비타민B군과 아연 보조제 복용으로 개선의 기미를 보였다.

　포도당을 유일한 에너지로 하는 뇌에게 저혈당은 결정적인 위기이다. 레서 박사에 의하면 신경증 환자의 85%가 저혈당증이었다고 한다. 또한 미국의 정신의학자 파이퍼 박사는 정신분열증 환자의 20%가 저혈당증을 나타낸다고 한다. 하지만 일본 의학계에서는 아직도 저혈당증을 문제 삼지 않고 있다. 저혈당증의 진단, 치료가 가능한 곳은 센바 시의 마리아 클리닉뿐이지 않을까?

07

당신의 뇌에
설탕은 부족하지 않습니까?

폭력적인 아버지의 식생활

아들에게 폭행을 휘두른 한 아버지의 이야기이다. 이 아버지는 교사였다.

"중학교 2학년인 아들이 여름방학 숙제를 다 하지 않은 채 학교에 갖고 가는 것을 보고는 화가 나서 따귀를 때렸는데, 그것이 나중에는 주먹으로 때리게 되었습니다. 이상한 것은 한번 폭력을 휘두르기 시작하면 쉽게 멈출 수가 없고 다음 행동으로 이어진다는 겁니다. 이제 그만하자고 생각하면서도 반복하게 되죠. 아들의 얼굴이 벌겋게 부어오르고 안구 출혈까지 됐습니다."

정말 가슴 아픈 이야기다. 친형제에게 폭력을 휘두르는 소년이 있는 한편 자기 자식에게 폭력을 휘두르는 부모도 있다. 이 경우는 아버지의 직업이 교사라는 것을 감안하면 상상조차 할 수 없는 이상행동이다. 하찮은 일로 화가 났다고 해도 분명 지나친 처벌이었다. 감정 조절이 불가능한 전형적인 예라고 할 수 있다.

이 아버지의 식생활을 살펴보면 더욱 놀랍다.

"내가 좋아하는 것은 청량음료, 초콜릿, 캐러멜, 아이스크림 등입니다. 인스턴트라면, 빵, 햄버거, 소시지, 위스키도 마찬가지구요."

좋아하니까 먹는다는 안이한 식생활로는 균형적인 영양섭취가 이루어지지 않는다. 이 아버지의 식생활은 저혈당증이 되는 조건을 완벽하게 갖추고 있다. 청량음료와 단 것의 대량 섭취는 저혈당증을 일으키는데 거기에 알코올이 더해졌으니 그 결과야 오죽하랴.

이런 사람은 식생활만 개선해도 증상이 호전될 수 있다. 초콜릿 같은 과자류, 청량음료, 사람에 따라서는 설탕, 카페인이 많이 들어 있는 캔 커피 등의 섭취를 금하거나 극도로 자제하는 것만으로도 증상은 완화된다.

설탕의 대량 섭취는 저혈당증을 부른다

설탕의 대량 섭취가 저혈당증으로 이어진다는 것은 거의 알려져 있지 않다. 그런 사실을 알고 있는 의사도 극소수이다.

설탕은 포도당과 과당의 두 가지 분자가 결합해 있는 이당류[1]로 분해·흡수되는 속도가 빠르므로 양이 많으면 바로 고혈당이 된다. 고혈당이 되면 몸은 그것에 대처하기 위해 췌장에서 인슐린이라는 호르몬을 내어 혈당을 떨어뜨린다. 인슐린이 과잉으로 분비되면 혈당이 너무 낮아지게 된다. 바로 저혈당이 되는 것이다.

무서운 설탕 광고

1997년 가을, 일본의 설탕업계는 텔레비전 광고를 하기 시작했다. 필자를 취재했던 한 저널리스트가 저혈당 증후군에 대한 것을 주제로 하여 어린이의 뇌가 위험하다는 기사를 주간지에 실은 지 얼마 되지 않았을 때의 일이다.

텔레비전 광고 화면에는 3개의 메시지가 순서대로 나타난다. 첫 번째는 '뇌의 에너지가 되는 것은 포도당뿐입니다.' 두 번째는 '설탕은 포도당과 과당이 결합된 것입니다.' 그리고 세 번째는 '당신의 뇌에 설탕은 부족하지 않습니까?'이다.

첫 번째와 두 번째 메시지는 말 그대로이다. 그런데 세 번째 메시지가 문제이다. 설탕을 먹지 않으면 뇌가 정상적으로 기능하지 않는다는 의미로 받아들이게 되니 말이다. 설탕을 먹지 않으면 뇌는 기능하지 않을까? 만약 그렇다면 설탕 없이 지냈던 태평양전쟁 시절에는 모두 죽었을 것이다.

잘 읽어보면 두 번째 메시지도 뇌의 에너지원이 되는 포도당의 섭취원으로서의 설탕만을 들고 있다. 시청자에게 공정한 메시지를 전달한다면 '쌀에는 분자가 많은 당질과 그것을 에너지로 교환하는 데 필요한 비타민B군이 들어있습니다'를 더해야 할 것이다. 이는 실로 무서운 광고이다.

2001년 2월, 이와테 현의 한 농업지역에서 강연을 한 적이 있다. 그때 주최자가 연 다과회에 참석했는데 한 교사가 자신의 가정에서 일어난 일을 말해주었다. 그의 어머니가 설탕 광고의 내용을 믿고 손자에게 설탕을 더 많이 주라고 아내에게 말했고, 그것을 반대한 아내와 계속해서 설탕을 둘러싼 말다툼을 벌이고 있다는 것이다.

텔레비전 광고는 소비자에게 믿음을 주기 위해서 영상과 음악과 대사를 정교하게 조종하기 때문에 많은 사람들이 그것을 곧이 믿게 된다. 그래서 이 설탕 광고의 효과는 절대적이었을 것이다.

> **각주**
>
> **1 이당류(二糖類)** 탄수화물의 기본단위인 단당류 2분자가 결합하여 이루어진 당류. 좀더 많은 당이 결합된 것은 다당류(多糖類)라고 한다. 이당류에는 설탕, 맥아당, 유당 등이 있는데, 보통 단 맛이 나지만 쓴 맛이 나는 것도 있다.

08

제대로 먹어야 제대로 산다

　　　　식생활의 중요성은 많은 사람들이 알고 있지만 올바른 식생활을 하기란 쉽지 않다. 왜일까? 그 원인은 현대사회에 숨어있는 다양한 유혹에 있다.

　붐을 이루는 젊은이 대상의 선전들을 보라. 특정 탄산음료를 마시지 않으면 이 시대의 젊은이가 아니라는 생각을 갖게 하는 텔레비전 광고, 어린이를 타깃으로 한 초콜릿과 과자 광고, 패스트푸드점과 편의점에서의 소비를 부채질하는 선전 등 아무튼 광고대로 하지 않으면 '시대에 뒤떨어진다'는 생각이 들게끔 하는 교묘한 수법이 태연하게 통용되고 있다.

　앞을 다투어 들이미는 광고의 홍수 속에서 인스턴트식품과 설탕이 든 과자를 소비하지 않는 사람이 오히려 이상해 보일 정도이다. 그러나 현명한 소비자로서 건강한 심신을 유지하기 위해서 이러한 유혹을 뿌리치려면 약간의 용기와 지식이 필요하다.

우선 당질에 대한 기본적인 지식을 가져야 한다. 당류 중에서도 곡물이나 감자에 들어있는 다당류는 주식으로 반드시 필요한 것, 설탕 등의 소당류는 분해·흡수가 빠르고, 특히 정백된 설탕은 비타민B와 칼슘을 소비시킨다. 이러한 당질의 차이부터 확실하게 인식하는 것이 필요하다.

컵라면을 먹고 쓰러진 사람들

현재 인스턴트식품은 셀 수 없을 정도로 많다. 인스턴트식품은 먹으면 포만감은 느낄 수 있지만 영양소를 충분히 취할 수 있을까를 인식할 필요가 있다. 가령 컵라면에는 비타민B1, B2, 칼슘이 첨가되어 있지만 각 영양소가 충분하다고 보장할 순 없다. 비타민B3는 어떨까? 아연은? 화학조미료로 맛을 낼 수는 있지만 단순히 공복감을 없앨 뿐 그것으로 건강을 유지할 수는 없다.

도호쿠 지방의 한 초등학교에서 수업중에 쓰러진 어린이가 있었다. 병명은 '거미막하출혈[1]'이었다. 어린이에게 그런 일이 일어난 것이 이상해 그 가정의 식생활을 조사해 보니 주로 컵라면만으로 식사를 했다고 한다.

또 슈퍼에서 늘 컵라면을 잔뜩 사는 주부가 있었다. 아들 둘이 연이어 사망하고 딸은 심장병을 앓고 있다고 했다. '왜 우리집에만 이런 일이 일어날까?' 하고 생각한 그녀는 상담차 조상을 모시는 절을 찾기도 했다.

도호쿠 지방의 한 부인회는 인스턴트라면과 청량음료를 많이 사자는 운동을 벌였다. 한 번에 대량 구입하면 값도 저렴해지고, 이익금은 활동자금으로 사용할 수 있다는 것이 동기였다. 그 지역에서 사망한 초등학교 5학년 남학생의 어머니는 "아이가 먹고 싶어 해서 아침부터 컵라면을 먹었다"며 후회했다.

사냥개에게 컵라면을 먹인 사람도 있다. 사냥을 나가 새를 잡은 후 개에게 물어 오라고 신호했는데도 개는 달리지 못했다. 그 후로 그는 개에게 컵라면을 주는 것을 그만뒀다.

컵라면을 계속 먹고 싶은 사람은 일단 동물에게 컵라면을 먹여보고 결과를 관찰해보는 것이 어떨까? 불쌍하다고 생각된다면 그것을 먹는 자신도 불쌍하다는 것을 인식해야 할 것이다.

'기(氣)'의 중심은 쌀

기력, 원기, 기백, '기氣'라는 글자로 여러 가지 말이 만들어졌다. '기氣'라는 글자의 중심에는 '미米'가 들어있다. '기'의 어원이 식료로 보내졌던 쌀인 것을 알 수 있다. '气'는 솟아오르는 산의 기운山氣으로, 음을 나타내기 위해 사용된다.

병기, 끈기, 정기, 양기, 음기, 기분, 기합, 기질, 사기, 살기, 광기 등 기를 사용한 말은 많다. 기의 중심을 쌀이라고 보고 가설을 세워보면 재미있다. 원기가 좋은 사람은 쌀을 제대로 섭취할 것이다. 끈기가 없는 사람은 쌀은 제대로 섭취하지 않을 것이다. 살기를 띄는 공격적인 사람은 쌀을 제대로 섭취하지 않는 것이 아닐까? 광기가 있는 사람 역시 쌀을 제대로 섭취하지 않는 것이 아닐까?

옛날 사람들은 '배가 고프면 싸움을 할 수 없다'고 했다. 일본의 전국시대에는 군량을 모으는 것이 무엇보다 중요했는데, 가장 중요한 식량은 다름 아닌 쌀과 된장이었다. 전국시대의 무장 다케다 신겐은 직접 된장을 담가서 그것을 '신겐 된장'이라고 이름 지었을 정도였다.

건강한 인생을 보내기 위한 기본은 제대로 된 식사를 하는 것이다.

알고 있지만 실행하지 않는 사람들

어느 기업의 건강보험조합에서 강연을 한 적이 있는 의료 저널리스트는 강연 자체가 허무하게 느껴진다고 했다. 이 조합은 조합원^{피보험자}의 건강 만들기에 중점을 두고, 다양한 건강교실을 개최하고 있었다. 전속 관리영양사가 고혈압 환자의 식단을 제시하고, 필요한 사람에게 개별 지도를 한다. 그런데 대부분의 사람들이 그 자리에서는 귀를 기울이고 내용을 경청하지만 그 내용을 1주일도 지키지 못한다고 한다. 머리로는 이해하지만 제대로 실행하지 않는 것이다.

필자는 저혈당증이 의심되는 사람에게는 체온과 혈압, 두통, 불면 등 예상되는 증상과 식생활에 대해 물어보았다. 지금까지는 그러한 것과 관련지어 생각지도 못했던 많은 사람들이 "그랬구나" 하고 이해하는 경우가 많았다. 그러나 세상은 그런 것을 깨닫지 못하도록 되어 있다. 가령 학교, 병원, 문화센터, 구청, 경찰서, 우체국, 소년원에도 청량음료 자동판매기가 설치되어 있다. 식食의 중요성을 깨닫기 어렵게 되어 있는 세상이다.

단 한 번의 인생을 어떻게 살 것인가? 그것은 자신의 식사습관에 달려있다.

각주

1 * 거미막하출혈 뇌를 둘러싸고 있는 혈관이 터져 뇌 바깥쪽의 얇은 거미막 아래 피가 고이는 현상으로 '거미망막하출혈'이라고도 한다. 심한 충격이나 뇌동맥 파열이 원인으로, 40대 이후에 발생하기 쉽다. 출혈이 생기면 50%는 재발하기 쉽고, 발작이 거듭되면 사망할 수도 있다.

말 많은 정크푸드 이래도 드시겠습니까?

우리나라 A 패스트푸드점이 1200개를 넘었다고 한다. 한 브랜드의 패스트푸드점이 이 정도면 우리나라 전체 패스트푸드점의 개수는 얼마나 될까? 특히 패스트푸드점은 경기에 관계없이 늘어난다고 하니 그만큼 암 환자나 비만 환자, 게다가 당뇨병 환자까지 늘어날 수밖에 없어 문제의 심각성을 깨달아야 할 것이다. 지금부터라도 사회적 비용을 감소시켜 국가경쟁력을 높여나가려면 이에 대한 적절한 시스템이 필요하다.

담배보다 더 해로운 정크푸드?
"정크푸드, 참는 자가 건강을 지킨다."
"건보공단, 담배소송 이어 '정크푸드'와의 전쟁 선언"
"정크푸드 '중독'도 대물림 된다."
"정크푸드 위해성 밝혀 광고규제 등 비만관리 강화"
"정크푸드, 담배보다 더 해롭고 대물림된다."

최근 들어 정크푸드에 대한 공중파를 비롯한 주요 신문의 카피다. 늦었지만 지금이라도 관심을 가지고 보다 적극적으로 대처하려는 의지가 있는 듯해 기대해 본다. 가장 인상적인 카피는 "정크푸드, 담배보다 더 해롭고 대물림된다."는 것이다. 담배가 공공의 적이 되어 애연가의 모습이 처연하기까지 한 요즘 담배보다 더 해롭다고 하니 충격적이지 않을 수 없다.(중략)

비만, 성인병의 주범으로 경각심 높아

먹거리가 아이들 경쟁력이다!

정크푸드의 문제점을 간단히 정리해보면 우리 몸에 많은 에너지를 공급하였는데 이를 대사(연소)할 비타민, 미네랄, 섬유소를 공급하지 않으니 모두가 살로 가 비만을 초래한다. 또 식품첨가물 등의 유해화학물질은 체내에 쌓여 여러 질병과 질환의 원인이 된다. 정크푸드의 이러한 폐해 때문에 세계 각국에서는 정크푸드의 텔레비전 광고를 금지하고 있으며, 초·중·고등학교의 정크푸드 자동판매기 설치 금지 및 학교 식당의 인스턴트식품 판매 금지 등과 관련된 법제화를 추진하고 있다.

최근 우리나라에서도 이들 식품들을 비만 유발 식품으로 규정하여 탄산음료, 패스트푸드, 과지방 과자, 튀김류 등을 학내에서 판매 금지 대상으로 지정하였다. 또한 2008년부터는 미끼 상품이 든 과자와 음료, 패스트푸드 광고를 금지하고, 2010년부터는 영양위해 기준을 마련하여 어린이들이 시청하는 저녁 9시 이전에는 광고를 못하게 제한했다. 최근에는 비만을 유발하는 햄버거 등 정크푸드와 탄산음료에 대한 광고 규제와 비만세 도입이 추진된다는 보도도 있는데 지켜볼 일이다. (중략)

ⓒ 건강다이제스트, 2017. 10. 23.

2장

비타민과
미네랄이 중요하다

2장 비타민과 미네랄이 중요하다 — 이 부분은 생략

01

건강보조제를 최대한 활용하라

　최근 몇 년 동안 건강보조제에 대한 붐이 널리 확산되고 있다. 일본의 백엔 숍에 비타민제가 등장한 것은 물론 바다의 심층수[1]와 미네랄 워터Mineral water[2]도 판매되고 있다. 물론 무농약 야채와 현미, 발아미, 배아미와 같은 자연식을 소중히 여기는 사람도 적지 않다.

　미국의 식탁에는 비타민제 등의 영양보조식품이 자연스럽게 오른다. 슈퍼마켓이나 '비타민 숍' 같은 건강보조제 전문점에서 자유롭게 비타민제를 살 수 있기 때문에 언제든지 그것들을 복용할 수 있는 것이다.

　일본에서도 비타민·미네랄 등의 건강보조제를 약국, 슈퍼마켓,

편의점에서 구입할 수 있다. 그러나 아직 미국처럼은 아니다. 가령 뒤에서 자세히 설명할 비타민B3를 주성분으로 하는 건강보조제는 판매되고 있지 않아 개인이 직접 해외에서 수입해야 하는 실정이다.

비타민에 대한 중요한 정보들이 아직 많이 알려지지 않았는데 지금부터라도 시야를 넓혀둘 필요가 있다.

음식물만으로는 필요한 영양소를 섭취할 수 없다

'식사로 섭취해야 할 영양소를 건강보조제로 대용해도 될까?' 이런 의문이 생길 수도 있다. 당연한 의문이다. 그러나 음식물로 얻을 수 있는 영양소의 양이 어느 시대나 똑같지 않다는 것을 알면 그런 의문은 사라진다. 예전에 음식물로 얻을 수 있던 영양소를 오늘날에도 똑같이 얻을 수 있을까? 결코 그렇지 않다. 농약과 화약 비료로 토양은 힘을 잃었고, 하우스 재배로 키우는 작물은 햇빛을 직접 받지 못한다. 농작물에 포함되어야 할 비타민과 미네랄이 감소하고 있는 것이다. 현대사회에서는 곡물, 야채를 충분히 먹어도 옛날만큼 영양소를 섭취할 수 없다고 보는 것이 좋다. 더욱이 식품 가공으로 이들 영양소는 더욱 줄어들고 있다.

일본의 비타민 홍보센터에서는 미국 CRN전미영양평의회의 과학정보를 공표했다. 보고에 의하면 종합비타민이나 그 외의 건강보조제의 지속적인 섭취는 건강 증진과 질병 예방에 효과가 있고, 쇠약한 고령자의 면역기능 강화와 이분척추[3] 같은 신경관 결함증의 위험을 감소하는 데 효과가 있다고 한다.

각주

[1] **심층수(深層水)** 바다 깊은 곳의 물로, 일정한 온도를 유지하고 오염되지 않아 '지구에서 가장 깨끗한 해수'로 불려진다. 필수 원소와 다양한 미네랄이 포함되어 있는 영양가 높은 물로, 일본에서는 생수보다 비싼 가격에 팔리고 있다.

[2] **미네랄 워터(Mineral water)** 땅 속에서 솟아나는 25℃ 이하의 샘물로 칼슘, 마그네슘, 칼륨 등이 함유되어 있다. 광천수라고도 한다.

[3] **이분척추** 척추의 일부분인 추골궁이 선천적으로 닫히지 않는 상태. 증상이 심하지 않으면 수술로 치료할 수 있지만 심각한 경우에는 하반신 마비가 올 수도 있다. 신체 마비가 있더라도 인지 능력에는 이상이 없거나 약간의 정신지체만을 수반하여 일상생활을 하는 데는 무리가 없다.

02

비타민과 미네랄이 중요한 이유

비타민이란 무엇인가?

비타민이라는 단어는 초등학생도 알고 있지만 '비타민이 무엇인가?'라는 질문에 대답할 수 있는 사람은 그렇게 많지 않다. 비타민이란 사람이 살아가는 데 필요한 몸의 생리기능을 맡고 있는 영양소로, 호르몬처럼 체내에서 만들어지는 것이 아니라 음식물을 통해 섭취해야 한다. 음식물의 성분 중 당질, 지질, 단백질 이외의 유기화합물이 비타민이고 mg, μg이라는 단위로 표시한다. 사람에게 필요한 비타민의 섭취량은 극히 미량인 것으로 알려져 왔지만, 현대에 와서는 비타민 결핍이 여러 가지 질병의 원인이라는 것이 밝혀졌다. 비타민 결핍과 질병과의 관계가 밝혀지지 않았을 시절의 대표적인 에피소드가 일본 메이지 시대의 각기병 해결방안을 둘러싼 육군과 해군의 차이였다.

각기병은 영양부족으로 생겼다

비타민의 존재가 밝혀지지 않았을 무렵, 각기병[1]은 베일에 싸인 질병으로서 공포의 대상이었다. 이때 각기병의 유력한 원인으로 여겨진 것은 전염병과 중독이었다.

메이지 시대 초기의 해군 군의관 다카기 가네히로는 군함 승무원에게 보리를 섞은 혼식을 할 것을 지시했다. 혼식을 실행하자 각기병이 없어졌고 해군은 각기병을 극복하는 데 성공할 수 있었다. 한편, 육군 군의관 모리 오가이는 영양이 부족해서 각기병이 발생한다는 사실을 부정하고 계속해서 군인들에게 백미식을 시켰다. 그 결과, 일본 육군은 청일전쟁, 러일전쟁 등 두 차례의 전쟁에서 많은 희생자를 냈다.

당시는 비타민이라는 개념조차 명확히 자리매겨지지 않았기 때문에 각기병을 '백미병'이라고 불렀다. 결국 정미한 백미에는 영양소가 부족하고, 쌀눈에 영양소가 포함되어 있다는 것을 알게 되었다. 1910년, 일본의 생화학자 스즈키 우메타로는 쌀눈에서 각기병에 효과적인 성분을 발견하고 그것을 '오리자닌Oryzanine[2]'이라고 이름 붙였다. 티아민, 즉 비타민B1의 최초 발견이었다.

그 이후 영양결핍에 의한 질병으로 비타민D 결핍에 의한 구루병, 비타민C 결핍에 의한 괴혈병, 그리고 비타민B3 결핍에 의한 펠라그라 등이 차례로 밝혀졌다.

스즈키가 재직했던 모리오카 고등농림학교는 현재 이와테 대학이 되었는데, 교내에는 '스즈키 우메타로에 의한 비타민 연구, 여기에서 시작되다'라는 기념비가 세워져 있다. 각기병은 비타민B1으로 치료되는데, 뒤에서 설명하듯이 베일에 싸여있던 정신분열증이 비타민B3 등의 영양 보급으로 치료된다면 '비타민B3와 정신분열증의 효과에 대한 연구'도 이와테 대학에서 시작된 것이 될 것이다.

미네랄이란 무엇인가?

미네랄이라는 말을 들으면 왠지 '몸에 좋을 것 같다'는 느낌이 든다. 실제로 일상대화에서 '미네랄이 풍부하다', '미네랄이 듬뿍' 하는 식으로 사용되고 있지만 미네랄도 비타민과 마찬가지로 의외로 자세한 정보가 알려져 있지 않다.

필자는 영양학을 전공하는 전문대 학생들에게 미네랄의 종류를 종이에 쓰게 한 적이 있었다. '미네랄 워터'라고 쓴 학생도 있었고, '비타민'이라고 쓴 학생도 있었다. 물론 칼슘, 마그네슘, 아연, 철과 같은 주요 성분을 쓴 학생도 있었다.

사람의 세포 내외에 포함되어 있는 미네랄은 30여 종이나 되는데, 대표적인 것으로는 뼈와 이의 주성분이 되는 인산칼슘, 뇌에 있는 칼륨염, 세포 외액 중의 나트륨염 등이다.

칼슘은 신경의 이상흥분을 억제하는 작용이 있다. 마그네슘도 부족하면 흥분을 일으킨다. 이 외에 인, 철, 아연, 황산, 요오드, 코발트, 망간 등이 있다. 망간 결핍인 동물은 자식을 돌보는 것을 귀찮아하게 되기 때문에 '애정의 미네랄'이라고도 한다.

최근 연구에서는 철 결핍도 정신 이상을 일으킨다는 것이 밝혀졌다. 토양이 메말라서 농산물에 포함되는 아연의 양이 적어졌고, 첨가물이 많은 가공식품이 아연의 양을 저하시키기 때문에 아연 결핍인 사람이 많아져 큰 문제가 되고 있다. 아연 결핍은 미각장애, 식욕 저하를 일으키는 것은 물론 남성의 경우에는 전립선 비대를 일으키거나 성기능을 저하시키기도 한다. 아연은 혈당을 강하시키는 호르몬인 인슐린을 만드는 데도 필요하므로 당뇨병 치료에도 매우 중요하다.

각주

1 각기병(脚氣病) 비타민B1이 부족하여 생기는 영양실조 증상으로, 쌀을 주식으로 하는 동양인에게서 많이 발생한다. 다리가 붓고 부은 다리를 손가락으로 누르면 들어간 살이 올라오지 않는 증상을 보이다가 나중에는 근육이 마비되어 걷지 못하게 되고 심지어 사망할 수도 있다. 비타민B1을 충분히 섭취하면 예방할 수 있다.

2 오리자닌(Oryzanine) 비타민B1의 상품명. 벼의 라틴어 Oryza를 붙여 만든 이름이다. 이것이 최초의 비타민 발견이었으나 비슷한 시기에 폴란드의 카시미르 풍크가 같은 성분을 분리하여 비타민이라고 이름 붙인 것이 세계적으로 통용되기 시작했다.

03

지용성 비타민, 알고 먹자

눈과 점막에 필요한 비타민A

비타민A는 '보는 것'과 관련된 기능을 맡고 있어서 부족하면 야맹증에 걸리기 쉽다. 아마도 비타민A가 어두운 빛을 느끼는 물질의 재료라서 그럴 것이다. 또 비타민A는 눈과 입, 소화기 등의 점막에도 크게 관련되어 있어서 부족하면 각막과 피부가 건조해지는 증상이 나타나기도 한다.

비타민A가 부족하면 불면, 피로, 우울증, 말단 신경통이 나타날 수 있다. 신경성 식욕부진에서는 베타카로틴 형태의 비타민A가 혈액 중에 현저하게 높을 경우가 있다. 비타민은 모두 필수 영양소지만 지용성 비타민을 너무 많이 섭취하게 되면 뇌 체액의 압력을 증대, 팽창

시켜 심각한 부작용이 나타나기도 한다.

체중 감소, 피부 건조와 위축, 탈모, 눈이 시리고 아픈 증상, 뼈의 칼슘 성분의 탈회와 자발적 골절, 초조나 우울증세, 입술의 갈라짐 등은 비타민A의 과잉섭취 때문에 나타나는 것일 수 있으므로 적당량을 섭취하는 것이 좋다.

비타민A는 장어, 동물의 간, 버터, 치즈 등에 많이 들어있고, 체내에서 비타민A로 변환하는 카로틴은 당근이나 시금치, 무청 등의 녹황색 채소에 많이 들어있다. 비타민A는 지용성이기 때문에 기름에 볶아 먹어야 효율적으로 섭취할 수 있다.

뼈 형성을 촉진시키는 비타민D

비타민D는 장이 칼슘과 인을 흡수하도록 도와 뼈를 발달시키는 역할을 한다. 비타민D는 뼈의 형성에 반드시 필요한 것이므로 부족하면 유아기에는 구루병[1], 청소년기에는 골연화증[1]이 될 수도 있다. 뼈의 형성에는 활성형 비타민D가 필요한데, 이에 꼭 필요한 것이 자외선이다. 그래서 '일광 비타민'이라고도 하는데 이것은 태양광선이 피부에 작용하는 것으로도 만들어지기 때문이다.

유제품에는 합성 비타민D2가 들어있기 때문에 유제품을 많이 먹는 미국에서는 구루병이 거의 없지만 대신 과잉섭취로 인한 동맥경화가 늘고 있다.

소에서 갓 짠 우유에는 자연 비타민D(비타민D3)가 들어있다. 저온살균의 가공 공정은 자연 비타민D3를 크게 파괴하므로 합성 비타민D2가 더해진다. 본래 존재하고 있던 양의 약 16배이다. 비타민D는 조직에 칼슘을 저장하는 작용을 하므로 식품에 더해진 합성 비타민D2로 인해 고칼슘성 질환이 증가했다.

비타민D는 다음과 같은 식품에 많이 들어있다.

항산화·노화 방지·성기능 촉진 비타민E

비타민E는 뇌 이외의 중요한 기관, 특히 성선[2], 부신, 뇌하수체[3]에서 발견할 수 있다. 심신의 건강을 위해서는 이들 기관이 정상적으로 기능해야 한다.

비타민E는 활성 산소로 인한 세포의 불포화 지방산의 과산화를 막기 때문에 '항산화 비타민'이라고 한다. 세포를 손상시키는 활성산소^{프리라디컬}의 형성도 막아준다. 이 같은 손상이 노화의 원인이므로 비타민E는 노화 방지 비타민이다. 또 비타민E가 결핍되면 생식 불능이 되므로 성의 비타민이기도 하다. 비타민E의 투여로 신경과민, 피로, 불면, 심계항진[4], 어지럼증 등의 갱년기 증상이 상당히 개선되었다는 보고가 있다.

비타민E는 다음과 같은 식품에 많이 들어있다. 특히 보리 배아유, 면실유, 홍화씨 기름에 많이 들어있다. 단, 냉각 압착된 경우이다. 정제된 기름에는 남아있지 않다.

해바라기씨 · 호박씨 · 보리 배아유
면실유 · 홍화씨 기름

혈액을 응고시키는 비타민K

비타민K는 혈액을 응고시키는 인자 프로트롬빈를 만드는 데 필요한 물질로, 부족하면 출혈이 되기 쉽다.

비타민K는 양배추, 시금치, 브로콜리, 상추 등의 녹황색 채소와 소의 간에 많이 들어있고 장내 세균에 의해 합성된다. 이 때문에 항생 물질을 많이 사용하여 장내 세균 수가 적어지면 비타민K의 생산이 감소되기도 한다.

각주

1 구루병, 골연화증 골연화증은 뼈에서 석회가 감소되어 뼈가 물러져 골격이 변하는 증상을 말한다. 유아기의 구루병은 전형적인 골연화증의 하나로, 등뼈나 가슴뼈 따위가 굽게 된다.

2 성선(性腺) 생식선. 정소와 난소를 통틀어 가리킨다.

3 뇌하수체(腦下垂體) 척추동물의 대뇌 아래에 있는 내분비기관으로, 생식, 발육 등과 관계가 있다.

4 심계항진(心悸亢進) 긴장하거나 흥분 상태, 질병 등으로 심장의 고동이 높아져 심장 뛰는 소리를 직접 느낄 수 있는 상태이다.

04

수용성 비타민, 알고 먹자

신경 비타민 – 비타민B1

비타민B군은 당질 대사에 필요한 비타민, 즉 당질이 에너지가 되기 위해 필요한 비타민으로 특히 신경작용에 중요한 역할을 하여 '신경 비타민'이라고도 한다.

비타민 B1^{티아민}이 결핍되면 무감동, 착란, 정서 불안정, 흥분성, 우울증, 슬픈 운명이 다가왔다고 느끼고, 피로, 불면, 두통, 소화불량, 설사, 식욕부진, 체중 감소 등의 증상과 손발이 저리고 뜨거워지는 느낌이 든다.

비타민B1이 부족하면 각기병에 걸린다는 것은 잘 알려져 있다. 전신 탈력감을 비롯해 식욕부진과 가슴 울렁거림, 숨이 찬 증상이 나타나고 좀더 진행되면 혈압 저하와 급성 심부전이 나타난다.

흰 쌀, 흰 밀가루, 흰 설탕, 알코올은 모두 비타민B1 결핍을 일으킨다. 이것들은 몸에 칼로리를 제공하지만 칼로리를 에너지로 변환하는 데 필요한 비타민B1이 가공과정에서 제거된다. 담배, 카페인, 청량음료 같은 자극적인 물질도 비타민B1을 연소시켜 결핍을 일으킨다.

비타민B1은 배아미나 현미, 보리류, 콩, 땅콩, 효모, 간과 육류에 많이 들어있다.

비타민B1 결핍으로 사라진 기억

미국의 메이요 클리닉에서는 사람을 대상으로 비타민B1 결핍 실험을 했다. 3개월 이내에 실험자 전원이 쉽게 흥분하고, 우울증이 나타나고, 작은 일에도 쉽게 싸우고, 비협조적이 되었으며 이유 없이 불행이 자신을 기다리고 있다는 두려움을 느끼는 상태가 되었다. 또 대부분의 업무 능률이 떨어졌는데, 이것은 무기력, 집중력

결여, 사고의 혼란, 기억의 불확실에 의한 것이었다. 그들은 두통, 생리통, 긴장, 의주감$^{벌레가\ 기어가는\ 듯한\ 느낌}$과 통증을 참을 수 없다, 소리에 민감해졌다 등의 증상을 호소했다. 이런 증상에 이어 저혈압, 빈혈, 대사율 저하, 심계항진, 심전도 이상, 숨이 차는 것을 경험했고, 몇 명은 심장이 커지기도 했다.

 4개월 후 실험 참가자들이 심한 두통과 구역질, 구토 증세를 보이자 실험이 중지되었다. 식사에 비타민B1이 더해진 후 2, 3일이 지나자 그들은 피곤한 증상이 사라지고 활력이 솟고, 건강함과 정신적 기민함을 보였다. 커진 심장은 15일 만에 정상이 되었다.

 수술 후 링거 주사를 맞을 때 반드시 보충해야 할 비타민B1을 보충하지 않아서 중증 기억장애를 일으킨 사람이 있다. 그는 일본 센다이 시에 사는 사람으로, 아침 몇 시에 일어나서 무엇을 먹었는지 1시간이 지나면 아무것도 기억하지 못했다. 식사를 한 것조차 기억하지 못했고 딸의 얼굴을 알아보지 못하는 것은 물론 딸이 있다는 사실도 알지 못했다. 기억을 저장할 수 없게 된 것이다.

 병원은 보상청구 재판에서 1억 3천만 엔$^{약\ 15억\ 원}$의 보상금을 지불하게 되었다. 이 병원 이외에도 다른 병원에서 일어난 똑같은 의료사건 역시 크게 보도된 바 있는데, 이런 의료사고를 통해 비타민B1이 뇌에 얼마나 중요한 역할을 하는지 알 수 있다.

성장 촉진 비타민 - 비타민B2

비타민B2^{리보플라빈}는 성장 촉진에 중요한 작용을 한다. 대사과정에서는 여러 산화환원 효소의 보조 효소로 작용한다. 단백질과 탄수화물의 소비 증대와 함께 비타민B2의 필요성은 늘어난다. 임신, 수유, 상처의 치료, 악성종양의 경우 새로운 세포의 성장을 촉진한다.

비타민B2가 결핍되면 눈에서 액체가 분비되고, 눈꺼풀에 부스럼이 생기고 열이 난다. 그렇게 되면 빈번하게 눈을 비비고 닦아내게 되어 눈이 충혈되고 피부 표면에 작은 혈관이 나타난다. 피부는 지성이 되는데, 눈, 코, 귀 주위에 비늘처럼 된 부분이 벗겨져 떨어진다. 또 빛에 대해 민감해지고 탈모, 눈썹 소실 등의 가능성이 있다. 색깔 있는 안경을 끼면 눈이 편해지는 사람은 비타민B2 결핍을 의심해보는 것이 좋다.

비타민B2는 우유, 간, 혀, 동물의 내장에 많이 들어있으므로 채식주의자들에게 결핍 증상이 나타나기 쉽다. 비타민B2를 가장 많이 얻을 수 있는 곳은 맥주 효모이다.

우유 동물의 내장 혀
간 맥주 효모

피부와 신경 비타민 – 비타민B3

비타민B3^{나이아신}는 니코틴산, 나이아신아미드, 니코틴산아미드라고도 한다. 당대사, 지질대사에서 중요한 작용을 한다.

아마 대다수의 현대인들은 비타민B3가 결핍된 상태일 것이다. 일본 비타민학회에서 편집한 〈비타민 사전〉에는 비타민B3 결핍을 예방하려면 설탕 및 감미료, 과자류, 유지류 같은 식품군의 과잉섭취에 주의해야 한다고 쓰여 있다. 바로 현대인들이 지나치게 섭취하고 있는 식품군이다. 영양소가 부족한 인스턴트식품에는 비타민B1, B2, 칼슘은 첨가해도 비타민B3는 첨가하지 않는다. 적어도 인스턴트식품에 의존하는 사람들은 비타민B3 결핍이 의심되며, 거기에다가 단 것, 기름진 것을 먹으면 결핍 정도는 더욱 심해질 것이다.

미국의 정신의학자 마이클 레서는 비타민B3가 환각 등의 감각 이상, 망상 사고, 기분과 에너지 장애를 회복시키는 데 극적인 효과가 있는 경우가 있다고 말했다. 비타민B3는 정신분열증 치료에 큰 효과를 나타내기도 했다.

레서는 다음과 같이 비타민B3 결핍을 확인하는 방법을 설명했다. "가장 명백한 증상은 심리적인 것이다. 비타민B3 결핍 당사자는 공포, 근심, 의심, 침울 증상에 시달리고 고개를 숙이고 있다, 쉽게 화를 낸다, 우울한 표정으로 고민을 하고 있을지도 모른다. 그들은 사회에서 소외되어 심한 스트레스를 받게 된다. 경우에 따라서는 도덕성이 무뎌져 사회에 해가 되는 행동을 하기도 한다.

신체적인 변화는 다음과 같다. 가벼운 결핍의 경우 혀 끝이 빨갛게 되고, 혀 표면의 미뢰[1]가 커져서 영양이 제대로 흡수되지 않는다. 증상이 심해지면 피부염으로 발전해 근질근질하면서 염증이 심해지고 마침내 갈색으로 변하게 된다. 노인에게서 많이 나타나는 피부가 칙칙해지는 현상은 부분적인 비타민B3 결핍일 수 있다.

비타민B3 결핍이 심해지면 나타나는 대표적인 질병은 펠라그라 Pellagra[2]로, 주요 증상은 4D로 나타낸다. 설사Diarrhea, 피부염Dermatitis, 치매Dementia, 그리고 죽음Death 모두 D로 시작되는 단어이기 때문이다."

레서는 풍부한 비타민B3 보급원으로 붉은 살의 고기돼지고기는 아님와 집에서 기르는 닭, 오리 같은 날짐승의 고기, 땅콩 등을, 보조 식품으로는 맥주 효모, 보리 배아, 건조시킨 간을 들고 있다.

나이아신^{비타민B3}은 곡류를 통해 섭취하는 것이 가장 중요하다. 쌀의 경우, 함유량이 많은 순서대로 나열하면 현미, 5분 도미³, 7분 도미³, 배아미, 정백미 순이다. 쌀겨에는 현미의 5배나 되는 나이아신이 포함되어 있다. 나이아신이 풍부하게 들어있는 식품을 100g 중 영양량이 많은 순서로 나열하면 나마리부시^{찐 가다랑어를 약간 말린 식품}, 참치 날것, 약간 말린 소시지, 땅콩볶음, 참치 통조림, 황다랑어 날 것, 돼지의 간, 구운 돼지고기, 소의 간, 영계의 가슴살, 양태 날 것, 고등어구이, 삼치구이, 방어구이 순이 된다.

단백질 형성 비타민 – 비타민B6

비타민B6^{피리독신}는 단백질 대사에 중요한 역할을 한다. 그 외에 필수 아미노산인 트립토판이 비타민B3로 변환하는 것을 돕고, 신경과 피부의 여러 가지 장애를 예방하고, 노화를 막는 핵산의 정상적인 합성을 촉진하고, 자연의 이뇨제로 작용한다.

비타민B6가 결핍되면 빈혈, 지루성 피부염[4], 설염[5] 등의 증상이 나타난다.

미국의 버나드 림랜드 Bernard Rimland 는 자폐증 환자에게 마그네슘과 함께 비타민B6를 하루에 1g씩 투여해 환자의 증상이 개선되는 것을 보았다. 마이클 레서는 유아의 경기, '이상한 발작' 외의 간질성 환자는 비타민B6에 반응한다고 말했다.

비타민B6는 고기, 특히 동물의 내장, 생선, 미정백 쌀, 보리 배아, 콩, 달걀 등에서 충분히 얻을 수 있다. 하지만 설탕을 많이 섭취하면 비타민B6 결핍이 심해진다.

항 악성빈혈 비타민 – 비타민B12

비타민B12 코발라민 는 몸의 조혈기관인 골수가 건강한 적혈구를 만들도록 작용한다.

장기간에 걸친 비타민B12 결핍은 무감각, 따끔따끔한 통증, 비틀거리는 걸음, 반사 상실 등을 동반한 신경학적 퇴화를 일으킨다. 이런 증상들이 일어나기 전에는 무감동, 기분 동요, 기억력 감퇴, 주의집중과 학습장애, 환청, 혼미, 극도의 불안이 나타날 수도 있다. 결핍으로 일어나는 가장 흔한 증상은 피로와 신경과민이다.

비타민B12는 소고기, 햄, 달걀, 오징어, 굴, 꽁치 등에 많이 들어 있다. 주로 동물성 식품에 많이 들어있으므로 채식주의자들에게 결핍 증상이 일어나기 쉽다.

적혈구 증식 비타민 – 엽산

엽산은 단백질 대사를 돕고 헤모글로빈과 적혈구, 핵산의 생성을 촉진한다.

태아기와 유아기에 엽산이 부족하면 뇌의 발달이 저해된다. 엽산은 비타민B12와 서로 보충하는 관계로, 어느 하나가 부족해도 적혈구가 줄어 빈혈이 되기 쉽다. 엽산이 결핍되면 기억력 감퇴, 무감동, 사회거부 증후군, 흥분, 지적활동 저하 등의 증상이 나타난다. 엽산 결핍은 특히 노인들에게서 일어나기 쉬운데, 일상적인 생활이 불가능한 노인에 대한 연구에서 67%의 노인이 결핍 증상을 보였다고 한다.

엽산은 시금치에서 처음 발견되었는데, 야채의 잎, 간, 효모에서 많이 얻을 수 있다.

항 스트레스 비타민 – 판토텐산

판토텐산은 비타민B5라고도 한다. 이 비타민의 이름은 모든 장소를 의미하는 그리스어 '판토스'에서 유래했다. 판토텐산은 항

스트레스 기관인 부신이 적절한 기능을 하는 데 없어서는 안 되는 비타민으로, 결핍되면 부신을 피폐하게 만들어 결국 부신을 파괴하게 된다.

체라스킨^{Emanuel Cheraskin}은 영양소를 이용하여 이를 가는 사람들을 치료했는데, 이때 가장 중요한 영양소가 판토텐산과 칼슘이었다. 이를 가는 것은 무의식적인 스트레스의 징후로 볼 수 있기 때문이다.

미국 아이오와 주립 형무소에서 판토텐산 결핍 실험을 했다. 재소자들은 실험이 진행된 2주 동안 피로, 식욕부진, 변비, 불만, 저혈압, 위통은 물론 하찮은 일에도 싸울 듯이 덤벼들고, 발이 얼얼하게 뜨겁다 등의 증상을 호소했다. 재소자들의 식사에 판토텐산을 추가하자 그동안의 모든 증상이 사라졌다.

판토텐산은 대개의 음식물에 존재하는데, 가장 풍부한 공급원은 맥주 효모, 동물의 내장, 곡물 특히 쌀겨 부분, 낫토, 땅콩, 완두콩 등이다. 하지만 과도하게 가공된 식품을 먹으면 판토텐산 부족을 일으킬 수도 있다. 정제과정에서 많이 손실되기 때문이다.

흰 머리를 방지하는 비타민 – 비타민H

비타민H^{비오틴}도 비타민B군에 속한다. 단백질과 지방산의 대사에 관계하고 갑상선, 생식기관, 신경조직, 피부조직을 유지하는 데 작용한다. 흰 머리와 탈모도 예방한다.

비오틴이 결핍되는 것은 두 가지 원인에 의해서이다. 오랫동안 날달걀의 흰자를 섭취하는 것과 비오틴을 생산하는 장내 박테리아를 파괴하는 항생물질의 과도한 사용 때문이다. 비오틴이 결핍되면 통증이 없는 염증, 우울증, 졸음, 권태, 구역질, 식욕 상실, 근육통을 일으키고 촉각이 민감해진다.

비오틴은 일반 식사로 섭취할 수 있는데, 난황 이외에 동물의 내장, 효모, 콩류, 견과류 등에서 얻을 수 있다.

콜라겐 강화 비타민 - 비타민C

비타민C ^{아스코르빈산}는 세포와 세포를 잇는 콜라겐이라는 단백질의 합성과 항 스트레스 호르몬인 스테로이드의 합성, 면역기능 유지에 필요하다. 콜라겐이 없으면 우리의 몸은 분해되거나 붕괴된다. 만약 한 가지 비타민만 섭취해야 한다면 당연히 비타민C를 꼽을 정도로 비타민C는 우리 몸에 중요한 비타민이다.

비타민C가 심하게 부족하면 괴혈병이 생기는데, 그 증상은 근육과 피부의 출혈과 관절이 물러지고, 결합 조직이 전반적으로 약해지며 혼수와 식욕 상실, 빈혈도 나타난다. 정신적으로는 피로, 우울증, 권태, 착란 등이 나타난다.

열, 갑상선 기능 항진, 스트레스는 비타민C를 극도로 연소시킨다.

이것은 중증의 정신질환자에게 왜 대량의 비타민C가 효과적인지 보여준다. 마이클 레서에 의하면 정신분열증 환자는 보통 사람들보다 훨씬 많은 비타민C를 필요로 한다.

비타민C는 귤, 토마토, 사과, 딸기, 수박, 배추, 완두콩 등 신선한 과일과 채소에 많이 들어있다.

각주

1 미뢰 혓바닥에 분포되어 있는 미각기관. 물이나 침에 녹은 액체 상태의 물질이 미뢰의 미세포에 닿으면 미세포가 흥분을 일으키고, 그 자극이 대뇌에 전달되어 맛을 느끼게 된다

2 펠라그라(Pellagra) 탈리아어로 pelle(피부의)와 agra(통증)에서 유래한 병명으로, 옥수수를 주식으로 하는 지중해 해안과 이탈리아 남부에서 많이 발생했다. 설사, 피부염, 치매 등이 주요 증상으로 나타나는데, 급성이면 발열, 의식장애 등으로 사망하기도 한다.

3 5분 도미, 7분 도미 벼를 수확하여 왕겨를 벗겨내야 백미가 되는데, 이때 벼의 왕겨를 어느 정도 벗겨내느냐에 따라 5분 도미, 7분 도미, 10분 도미 등으로 나누어진다. 왕겨를 벗겨내는 과정에서 영양가 많은 쌀겨가 깎여 나가므로 10분 도미보다는 7분 도미가, 7분 도미보다는 5분 도미의 영양가가 더 많다.

4 지루성 피부염 지루성 피부염 머리, 얼굴, 가슴 등에 잘 발생하는 염증성 피부질환으로 '비듬' 증상도 이에 속한다. 피지의 과다 분비, 스트레스, 신경 이완제 같은 약물 등이 원인으로, 심한 가려움을 동반하고 심할 경우 탈모가 발생할 수도 있다.

5 설염(舌炎) 혀에 생기는 염증. 혀의 끝이나 가장자리에 흰색 또는 회백색의 반점이 생기고 통증이 심하게 나타난다.

6 낫토(納豆) 청국장과 비슷한 일본의 발효 식품.

청소년 4명 중 3명 혈중 비타민 D 결핍… 당뇨병 위험 ↑

우리나라 청소년 4명 중 3명이 혈중 비타민 D 농도가 결핍돼 있는 것으로 조사돼 당뇨병에 노출될 위험이 상당히 높은 것으로 나타났다.

6일 부산의료원 가정의학과 김유리 과장팀이 제4기 국민건강영양조사(2007~2009년) 자료를 이용해 만 12~18세 청소년 1556명을 대상으로 혈중 비타민 D 농도와 인슐린 저항성과의 관계를 분석한 결과 조사 대상 청소년 4명 중 3명(73.7%)의 혈중 비타민 D 농도가 20ng/㎖ 미만으로 결핍 상태였다.

연구팀은 청소년을 혈중 비타민 D 농도에 따라 10ng/㎖ 미만·10~20ng/㎖·20ng/㎖ 이상 등 세 그룹으로 나눴다. 어린이·청소년의 혈중 비타민 D 농도 기준은 없지만, 성인의 경우 20ng/㎖ 이하를 비타민D 결핍으로 간주한다. 미국 소아과 학회는 혈중 비타민 D 농도를 20ng/㎖ 이상으로 유지하도록 권고하고 있다.

또한 혈중 비타민 D 농도가 10~20ng/㎖로 낮은 남자 청소년은 혈중 비타민 D 농도가 정상(20ng/㎖ 이상)인 남자 청소년에 비해 당뇨병의 '전조'라고 할 수 있는 인슐린 저항성이 1.6배 이상 높은 것으로 분석됐다. 여자 청소년에선 혈중 비타민 D 농도와 인슐린 저항성 사이의 상관성이 확인되지 않았다.

인슐린 저항성이 높다는 것은 혈당을 낮추는 호르몬인 인슐린에 대한 신체 반응이 떨어진다는 얘기다. 인슐린 저항성이 높으면 같은 양의 인슐린이 분비돼도 혈당이 적게 떨어져 당뇨병 위험이 높아진다. 당뇨병은 인슐린 부족이나 기능 이상으로 혈당이 높게 유지되는 질병이다.

비타민 D는 뼈의 주성분인 칼슘의 체내 흡수를 도와 청소년의 뼈를 튼튼하게 하고 잘 성장하도록 하는 비타민으로 알려져 있다. 이번 연구를

비타민 D, 너는 사랑 ♥

통해 비타민 D가 청소년의 성장은 물론 인슐린 저항성에도 영향을 미친다는 사실이 드러난 것이다.

연구팀은 논문에서 "비타민 D 수용체가 인슐린을 분비하는 췌장의 베타세포에 위치해 혈중 비타민 D 농도가 인슐린 저항성에도 영향을 미치는 것으로 추정된다"며 "인슐린 저항성은 당뇨병뿐만 아니라 각종 대사 관련 만성질환 발생에도 핵심 역할을 한다"고 지적했다.

ⓒ 헤럴드경제, 2017. 6. 6.

3장

마음 · 정신 · 영양
새로운 의학의 조류

01

'몸의 이상'을 무시하는 카운슬링

일본에서는 '카운슬링'이 유행이다. 학교에 '스쿨 카운슬러[1]'가 마련되어 있고, 강습 등의 일정 연수에 참가하면 카운슬러 자격을 인정하는 단체도 생겼다. 카운슬러의 어원은 '함께 생각한다'인데, 최근에는 심리 카운슬링, 심리 카운슬러, 마음의 전문가, 마음의 치유 등 '마음'이라는 말이 자주 사용되면서 카운슬링이라는 일을 한정지어 버리고 도움을 주는 원조의 효과를 방해하는 것은 아닌지 걱정이 된다.

카운슬링에 대한 기대

일본에서는 '이상'이라는 말이 의미를 잃을 정도로 너무 많은 인간들에게서 비정상적인 행동이 일어나고 있다. 인간의 공격적이고 파괴적인 행동으로 인한 사건이 매일같이 보도되고 있다.

문부과학성^{우리나라의 교육부에 해당}에서는 스쿨 카운슬러의 배치를 늘리고 있지만 학교에 등교하지 않는 아이들의 수는 계속 증가하고 있다.

폭력 역시 큰 문제이다. 자녀가 부모에게 휘두르는 폭력뿐만 아니라 부모가 자녀에게 가하는 폭력, 학대도 늘고 있다. 아들의 폭력에 견디지 못해 결국 야구방망이로 중학생 아들을 살해한 아버지도 있다. 이 아버지는 평소에 정신과 의사와 카운슬러 총 4명에게 상담을 받아왔다고 한다. 젖먹이 아이를 학대해 결국 죽게 만든 사건도 있었다.

지금 사회처럼 카운슬링에 대한 기대가 이렇게까지 높았던 적은 없었다. 그러나 카운슬러가 증가한다고 해서 모든 문제에 대한 효과적인 대처를 기대할 수는 없다. 좀 더 심도 깊은 고민이 필요하다.

심리주의로 충분할까?

카운슬링은 지금까지 심리주의적으로 해석될 때가 많았다. 하지만 심리주의만으로는 오늘날 일어나고 있는 다양한 문제에 대해 효과적으로 대처할 수 없다. 오늘날 인간들이 만들어내는 다양한 문제들은 한 사람, 한 사람의 행동이지만 그 배후에는 생물학적 차원의 문제, 그리고 그 같은 문제를 일으키는 사회적·경제적 상황이 있기 때문이다.

전 세계적으로 베스트셀러가 되었던 강제수용소의 체험기록 〈죽음의 수용소에서〉의 저자 빅터 프랭클$^{Victor\ Frankle}$은 환원주의를 현대의 허무주의로 보고 있다. 심리주의는 환원주의의 하나이다. 환원주의는 본래 하나의 차원만으로는 이해할 수 없는 존재를 일차원으로만 판단하여 '~에 불과하다'고 단정 짓는 사상이다.

인간을 생물로만 보는 경우는 생물주의라는 환원주의다. 인간의 마음이라는 정신성을 보지 않으면 환원주의다. 정신성만을 보고 희로애락 같은 감정과 생물적 존재를 보지 않으면 역시 환원주의다. 인간을 사회적 존재로 보고 인간관계와 집단관계에만 눈을 돌려 다른 차원을 무시하면 그것은 사회학주의라는 환원주의다.

프랭클은 환원주의를 발생시킨 것은 과학 전문가의 영향이라면서 '전문가'를 '현실의 나무를 보려 하면서 진실의 숲은 보지 않는 사람'이라고 정의했다. '전문'이란 한결같이 한 부분을 탐구하는 것을 가리키고, 전문가는 다른 부분에는 눈을 돌리지 않는다. 카운슬러가 스스로를 '심리 카운슬러'라고 칭하거나 '마음의 전문가'라고 칭하는 것은 시야를 한정지어 버리는 것이 된다.

'몸의 이상'을 간과하지 마라

현대인들은 적어도 정신적, 심리적, 생리적 그리고 사회적 차원의 문제로 위기를 겪고 있다.

해마다 증가하는 부등교 문제를 예로 생각해 보자. 등교를 거부하는 학생들은 다음과 같은 다양한 차원의 위기를 생각할 수 있다.

- 무엇을 목표로 하고 있을까 생활의 무엇에서 의미를 발견하고 있을까 하는 '정신적' 차원
- 위협, 공포, 불안, 고립감 등의 '심리적' 차원
- 체력, 기력, 에너지 등의 '생물적' 차원
- 가정, 학교, 친구들과의 관계라는 '사회적' 차원

폭력 문제도 마찬가지다. 일본에서는 30년 전부터 가정 폭력, 20년 전부터 교내 폭력 등 많은 폭력 범죄의 발생이 문제가 됐다. 20년 전 교내 폭력이 일어나기 몇 년 전부터 학생들의 '몸의 이상'이 문제가 되었다. 등이 굽고, 쉽게 골절을 일으키는 등의 증상이 나타났지만 '몸의 이상은 건강 문제', '교내 폭력은 학교 교육의 문제'와 같이 각각 다른 차원의 문제로 받아들였을 뿐 이 두 가지 차원을 하나로 보는 견해는 없었다.

그렇다고 카운슬링이 전부 효과가 없다는 것은 아니다. 자신의 의지에 의해 자발적으로 도움을 구하고, 마음에 있는 생각을 전할 수

있는 카운슬링이 발전한다면 상담을 받는 사람의 인간적 성장을 가져올 수 있을 것이다. 그러나 이 경우에도 오늘날에는 생물적으로 쇠퇴하고 있다는 자각이 필요한 경우가 있을 수 있다.

정신의학자 레서는 정신적인 문제로 생기는 신경증 환자의 85%가 저혈당증이라는 것을 확인했다. 신경증도 마음만의 문제는 아니다. 더구나 가정 폭력의 경우는 생물학적·사회학적 차원을 포함한 다원적인 접근이 필요하다. 그러나 일본의 정신의학은 '전혀'라고 할 만큼 환자의 식생활과 영양에 무관심하다.

> **각주**
>
> **1 스쿨 카운슬러** 일본에서는 1995년부터 전문가로 구성된 긴급 대책회의를 만들어 각 학교의 폭력 실태를 조사하고, 학교에는 스쿨 카운슬러를 파견했다. 학교 폭력이 발생하면 폭력을 휘두른 학생의 출석을 정지시키고 카운슬링을 받게 한다. 또 학교, 경찰, 법원, 지역기관과 민간단체가 연계하여 가해 학생을 지원한다.

02

식생활에 무관심한 정신의학계

필자에게 상담을 의뢰한 사람들의 이야기를 듣다보면 정신의학계가 식생활에 대해 얼마나 무관심한지 알 수 있다.

설탕과 폭력은 상관이 없다?

아들의 폭력으로 고민하는 어머니가 상담한 내용이다. 아들은 하루에도 셀 수 없이 설탕을 가득 넣은 커피를 마셨다. 아들을 병원에 입원시킨 후 의사에게 상담을 했더니 의사는 "설탕과 폭력은 아무런 상관이 없습니다"고 잘라 말했다. 아들은 입원중에도 마시고 싶은 만큼 커피를 마셨고, 배가 고프면 컵라면을 사다 먹기도 했다.

매일같이 캔 커피를 마시는 한 젊은이의 여동생과 어머니로부터 폭력 문제로 상담을 의뢰 받았는데, 그들의 이야기를 듣고 깜짝 놀랐다. 아들은 한 번에 캔 커피를 25캔이나 마신 적도 있다고 한다. 캔 커피를 어디에서 사느냐고 물었더니 집에 설치되어 있는 자동판매기에서 꺼내 마신다고 한다. 자동판매기는 부모가 용돈이라도 벌 요량으로 가게 앞에 설치한 것이었다.

젊은이가 폭력을 휘두를 때마다 정신과에 데리고 가보았지만 대개 1주일분의 약이 처방될 뿐이었다. 젊은이는 집에 돌아오면 한 번에 약을 모두 먹어버리고 가족에게 다시 약을 처방 받아 오라며 소란을 피웠다. 지금까지 데리고 갔던 병원 중에는 의대부속병원도 있었는데, 어느 곳에서도 그의 식생활을 문제로 지적하지 않았다고 한다.

필자는 이 이야기를 듣고 일본의 축소판이라는 생각을 했다.

돈이 필요해서 자동판매기를 설치하면 판매기 설치업자와 음료 판매업자에게는 이익이 된다. 음료를 먹고 싶은 사람은 손쉽게 음료를 얻을 수 있으니까 편리하다. 욕망은 점점 커져 행동이 이상해지고 결국 정신과에서 진찰을 받게 된다. 그러나 '치료법'은 약뿐이다. 이것은 제약회사에게는 이익이 된다. 환자는 약을 먹어도 상태가 호전되지 않기 때문에 다른 병원으로 옮긴다. 이런 치료 패턴이 전국적으로 일어나고 있으니 어느 환자의 상태가 나아지겠는가.

과자를 먹어야 병이 낫는다?

1년간 의대 부속병원의 정신과에 입원한 적이 있는 젊은 여성이 필자에게 상담을 의뢰해 왔다. 그녀가 정신과에 처음 입원했을 때 간호사는 과자를 내밀며 "이것은 당신이 먹어야 할 1주일 치 과자예요. 1주일마다 주문을 받습니다"고 말했다. 그녀가 과자를 먹고 싶다는 말을 하지도 않았는데 말이다. 필자의 억측으로는 정신과 환자의 혈당 저하를 인식하여 환자들에게 설탕이 든 과자를 먹게 한 것이 아닌가 싶다.

상담을 의뢰한 가족들이 입원해 있는 환자에게 영양보조제를 주려고 하면 병원에서 "그런 것은 안 됩니다. 과자는 상관없지만" 이라는 주의를 받았다는 이야기를 자주 듣는다. 병원에서도 식생활에 관심을 갖고 있다고는 하지만 아무래도 환자의 상태를 악화시키는 방향으로 잘못 인식하고 있는 듯하다.

영양학을 무시하는 의사와 카운슬러

정신과 의사와 카운슬러는 정신질환 혹은 마음의 건강과 영양의 관계를 중요시하지 않는다. 그 근본적인 이유는 무엇일까? 우선은 의학 교육의 중심인 의과대학에서 영양학을 다루지 않기 때문이다. 몇몇 대학 이외에는 영양학을 필수 과목으로 다루지도 않고, 의사 국가시험의 필수 과목도 아니다. 간호학과에서 필수 과목으로 다루고 간호사 국가시험[1] 과목에 포함되어 있는 것과는 대조적이다.

정신의학에 대한 사전에서조차 '영양'은 물론이고 '영양요법'이라는 항목도 보이지 않는다. 미국의 정신의학회도 영양요법에 대해 적대적인 태도를 취했다. 그래도 학회에서 낸 〈정신의학 요법〉이라는 책에서는 약간이나마 영양요법에 대해 언급했다.

카운슬러 역시 자신들이 배운 심리학, 카운슬링과 심리요법의 이론을 기준으로 인간의 문제를 바라보기 때문에 영양이나 식사에는 거의 주목하지 않는다. 상담 의뢰자의 감정을 이해하려고 노력은 하지만 무엇을 어느 정도 먹고 마시는가에 대해서는 무관심하다.

> 각주
>
> [1] **간호사 국가시험** 과목 우리나라 대학의 간호학과 과정에서는 영양학에 대해서 배우지만 간호사 국가시험 과목에는 영양학이 포함되어 있지 않다.

03

영양으로 접근하라

　　일본에서는 마음의 건강에 이상이 생겼을 때 원인을 심인성에서만 찾고, 영양 등의 생물학적인 면은 무시해왔다. 물론 심인성을 배제해서는 안 되지만 당, 비타민, 미네랄이 적당히 보급되지 않으면 인간의 뇌가 정상을 유지할 수 없다는 지극히 당연한 사실을 이론에서 배제하는 것은 잘못된 일이다.

　　필자가 10년 전쯤 일본 카운슬링학회에서 '영양 카운슬링 개발의 필요성'이라는 주제를 발표했을 때 몇 명의 회원이 나를 찾아와 깊은 관심을 나타냈다. 미국에서는 훨씬 오래 전에 만들어진 '영양 카운슬링'이 지금부터라도 활성화된다면 그나마 다행일 것이다.

식생활에 주목하면 영양 카운슬링이 보인다

미국 가톨릭대학 교육학부의 피어슨Pearson과 롱Long은 '카운슬러, 영양, 정신건강'이라는 논문을 발표했다. 이 논문에서 '영양 카운슬링'이라는 말을 사용해 카운슬링과 영양의 관계를 단번에 밀접하게 만들었다. 이들이 '영양 카운슬링'을 제창한 것은 미국의 식생활 변화에 주목했기 때문이다.

미국은 최근 70년 동안 곡물 소비가 50%, 식물 섬유의 소비가 80%나 떨어졌다. 반면 고기의 소비는 75%, 설탕의 소비는 30%나 증가했다. 과학기술의 발달이 보존 기술과 식품가공, 유통에도 커다란 변화를 불러온 것이다. 그러나 비타민과 미네랄 섭취는 크게 줄어들었다.

일반적으로 식탁에 놓인 음식을 보면 영양이 풍부하게 보인다. 그러나 대부분이 가공식품이라면 비타민과 미네랄 등의 필수 영양소가 부족할 수 있다. 그것에 문제의 본질이 있다고 생각한 피어슨과 롱은 아미노산으로부터 만들어지는 뇌의 신경 전달물질 트립토판의 결핍이 우울증과 공격행동을 일으키는 등 영양으로 인해 발생하는 문제행동과 증상들을 소개했다.

지금부터라도 영양을 주목하는 카운슬링이 주목을 받게 되기를 기대한다. 시간은 걸리겠지만 결국 이것이 카운슬링의 주류가 될 것이다.

왜냐하면 심인성으로 보는 것만으로는 대처할 수 없는 정신질환과 문제행동, 범죄가 증가하고 있기 때문이다.

영양 카운슬링을 위한 지침

미국 노스웨스턴 주립대학의 두기 마틴[Doogi Martin]과 매기 마틴[Maggie Martin]이 발표한 '영양 카운슬링'이라는 논문에서는 다음과 같이 영양 카운슬링을 위한 구체적인 지침을 들고 있다.

1. 상담 의뢰자에게 첨가물 라벨 읽는 법을 가르친다.
2. 단백질, 비타민, 미네랄, 필수 지방산이 들어있는 식품 섭취를 권한다.
3. 신선한 과일 섭취를 권한다.
4. 야채, 전립 식품이 좋다는 것을 가르친다.
5. 지방산에 주의할 것. 특히 '수소 처리' 가공된 정제 식물유[1]의 문제점을 전달한다.
6. 설탕, 흰 밀가루, 식품첨가물을 섭취하지 않도록 권한다.
7. 아침식사의 중요성을 인식시킨다.

이 지침들은 어려운 내용이 아니다. 카운슬러의 설명을 듣지 않아도 식사와 영양에 관심을 가진 사람이라면 당연하다고 생각할 만한 내용들이다. 그러나 정신질환의 증상이나 문제행동과의 관계에서 이들 지침의 결정적인 중요성을 인식하도록 조언할 수 있느냐는 것에 카운슬러의 역량이 달려있다.

> **각주**
>
> **1 정제 식물유** 정제유에 수소 처리를 하면 산화 방지력이 있는 비타민E 등이 제거되어 쉽게 산화되고 필수 지방산도 감소하므로 주의해야 한다.

04

폐쇄적인 의료계,
대화가 필요한 환자들

지금까지의 이야기만으로도 독자들은 궁금할 것이다. 정신의학에 왜 영양학이 중요시되고 있지 않는지, '임상 영양 정신의학'이라 할 연구 분야가 왜 요구되고 있지 않는지 말이다. 그 원인은 의료계 특유의 폐쇄성, 권위주의, 이기주의에 있다.

예부터 지금까지 의료사고는 끊이지 않고 일어나고 있다. 유독 최근 몇 년 동안 의료사고가 증가한 것은 아니다. 과거부터 이어지고 있는 의료계 특유의 의료사고를 만들어내는 바탕이 최근 몇 년간 '사건'으로 표면화된 것뿐이다.

지금의 의료 실태는 알면 알수록 실망하게 된다. 많은 사람이 생각하는 만큼 의료는 만능도 아니고 신성하지도 않다. 그 이유는 간단하다. 자격을 가진 인적 자원이 제대로 활용되고 있지 않기 때문이다.

대학병원에는 많은 의료진이 일하고 있다. 의사, 약사, 간호사, 그 외 각종 전문가가 있다. 모두 각 분야의 자격을 갖춘 사람들이다. 그들 사이의 의사소통은 지극히 적다. 직능의 범위를 둘러싼 세력 싸움도 드물지 않다. 차원 낮은 이야기지만 병원에서 약사와 간호사 어느 쪽이 '위'인가 하는 것으로도 불화가 일어난다. 그래서 팀 의료가 가능하지 않다고 할 수 있다.

의료계가 폐쇄적인 이유

대학병원에서는 의사를 정점으로 한 피라미드형 구도가 여전히 뿌리 깊다. 어떤 것이 올바르냐 하는 것이 아니라 정점에 군림하는 의사가 OK를 하느냐 아니냐에 따라서 모든 것이 정해지는 것이다. 이런 식으로는 우수한 능력을 가진 자격자도 고용되어 있기만 할 뿐 본인의 재능을 발휘할 기회를 얻지 못할 것이다.

의사 면허를 갓 딴 20대 후반부터 병원 안팎에서 만나는 사람들이 '선생님'으로 불러 주니 어느새 '나는 잘났다'고 착각하는 의사가 많다. 이런 환경이다 보니 의사의 '방자함'이 도가 지나치게 되기도 한다.

필자는 최근 영양요법을 이해하는 정신과 의사와 이야기를 나눈 적이 있다. 그때 "왜 정신의학자들은 영양에 주목해 연구를 하지 않습니까?"라는 질문을 던졌다. 그러자 그 의사는 "새로운 연구를 하려면 내쫓겨요"라고 대답했다. 의사들 간에도 피라미드형 관계가 형성되어 있는 것이다.

의사들은 일반인으로부터 '선생님'이라고 불리고 그들끼리도 서로 그렇게 부른다. 평상시 우리는 그런 사람들에게서 진찰을 받는다는 것을 인식하자. 이러한 의료계의 특성 때문에 환자들은 여러 가지 피해를 입을 수밖에 없다는 것을 말이다.

의사와 환자, 대화가 필요해!

환자를 진찰하고 진단할 수 있는 것은 의사뿐이다. 의사가 병명을 진단하면 그 병명이 꼬리표처럼 따라 다닌다. 가령 마음의 병인 경우 심료내과[1]에서 진료를 받는다. 초진에서 주치의가 '우울증'이라고 진단하고 진단명을 변경하지 않는 한 환자는 '우울증 환자'가 된다. 어느 분야의 병명 진단이든 마찬가지인데, 의사의 안이한 진단은 환자의 이후 생활에 크게 영향을 끼친다.

필자에게 상담을 의뢰한 42세의 중학교 교사도 그랬다. 그는 우울증이라는 진단을 받은 후 10년 동안 항우울제를 복용했다고 한다. 이야기를 듣자마자 저혈당증이 의심되어 마리아 클리닉에서 검사받을 것을 권했다. 검사 결과는 역시 저혈당증으로 나왔다. 이 사실을 몰랐다면 그 사람은 계속 항우울제를 복용했을 것이다.

일단 의사의 진단이 끝난 후 시작되는 치료 방침이 어떠한가에 따라서 그 병원의 수준이 결정된다. 의사는 카운슬링을 한 후 약을 처방하는 것이 보통이지만 의사와 환자 간에 '함께 생각하는' 카운슬링에 어울리는 대화가 이루어졌을까? 병원의 특성상 카운슬링 시간은 충분하지 않다. 또 의사가 영양에 대한 관심이 없다면 환자의 식생활에 문제가 있다고 해도 크게 문제로 다뤄지지 않는다.

각주

1 **심료내과(心療內科)** 암시, 면접 등의 심리요법을 이용하여 환자를 진료하는 내과이다.

05

정신의학계는 '영양'을 무시한다

일본의 정신의학계는 왜 영양학에 주목하지 않을까? 영양학자는 왜 정신질환을 연구하지 않을까? 두 가지 질문 모두 묻고 싶은 문제이다. 일단 앞의 질문부터 검토해보자.

'영양'에 대해 언급하지 않는 잡지의 특집기사

의사가 새로운 연구 분야를 개척하지 않는 것은 과거의 실적과 지위를 지키려 하기 때문이다. 특히 영양에 눈을 돌리지 않는 것은 약이 연구, 개발되어 증상을 어느 정도 완화하는 효과가 있다는 실적 때문이다. 그래서 정신의학 연구는 오로지 약의 효과에만 치우쳐 있는 것이다.

　잡지 〈마음의 과학〉 90호에는 '분열증 치료의 현재'라는 특집기사가 실렸다. 10여 명의 집필자 가운데 한 명을 제외하곤 모두 영양과 식사의 관계에 대해서 한 마디도 언급하지 않았다. 완전하다 싶을 정도로 영양학을 무시한 것이다. '생체의 치유력과 생체의 반응이라는 측면을 고려할 필요가 있다'고 쓴 사람도 있었지만 영양에 대해서는 단 한 마디도 언급하지 않았다.

　'영양'이라는 말을 사용한 사람이 있긴 있었다. 그것은 나치스 독일에 의해 봉쇄된 네덜란드에서 임신중에 극도의 식량난을 겪은 그룹은 정신분열증 발병 위험률이 높았다. 임신중 영양을 제대로 섭취하지 못하면 분열증의 위험인자가 될 수 있다는 내용으로, 임신기에 한정하여 영양을 설명했다.

　'회복에는 다양한 지원이 필요하다'고 쓴 사람도 있었는데, '지원'의 예로조차 영양이나 식사를 들지 않았다. '분열증 예방'에 대해서는 '개체의 병에 대한 저항 역치[1]가 저하하고 여기에 스트레스_{중대한 사건이나 행사, 중독 물질 섭취, 부적절한 영양}가 취약성의 역치를 넘으면 분열증이 발생한다고 한다'는 문장도 있었지만 '부적절한 영양'에 대한 언급은 없었다.

정신과 교수 사전에 '영양'은 없다

분열증의 원인과 치료에 대한 정신과 주임교수 49명에 대해 실시한 설문조사 결과가 〈마음의 과학〉에 실렸다.

치료에 대해서 생활이나 생활요법이라는 말을 사용하는 사람은 있었지만 '영양'이나 '식사'라는 말은 한 마디도 사용하지 않았다. 주목할 점은 절반이 넘는 26명의 교수들이 '유전'이라는 용어를 사용하고 있다는 것이다. 각각 문맥이 다르기 때문에 한 마디로 정리할 수는 없지만 영양이라는 말을 한 명도 사용하지 않고 있다는 것과 당장 연구 가능한 방향인 영양이 완전히 무시되었다는 것이 유감이다.

각주

1 역치(역値) 생물의 감각을 자극하여 흥분을 일으킬 경우, 흥분이 일어나게 하는 최소한의 자극 강도를 말한다

06

잘못된 진단으로 시작된
10년간의 투병생활

의사의 잘못된 '식사 지도'로 병을 앓기 시작해 심료내과를 비롯한 많은 의사의 치료를 받았지만 결국 10년 동안의 투병생활로 청춘을 다 보낸 한 여성의 이야기를 소개하겠다.

초콜릿을 먹는 저혈당증 환자

1970년대 후반 필자가 이와테 대학 교육학부 교수로 있었을 때의 일이다. 모리오카 시내에 있는 Y씨의 집에서 매달 모임을 가졌는데, 그곳에서 29세의 T양을 만났다.

그녀는 안색이 좋지 않았고 기력이 없어 보였다. 몇 년 동안 두통에 시달리고 있다고 했다. 분명 저혈당성 두통일 것이라고 생각하고, 식사 특히 간식에 대해서 물어보니 그녀는 "매일 초콜릿을 두 개씩 먹어요. 체중이 너무 줄어서 늘리기 위해서죠. 주치의도 알고 있어요"라고 대답했다. 필자는 혈당과 두통의 관계를 간단하게 설명하고 초콜릿 먹는 것을 중지하라고 조언했다. 이후 그녀는 시험 삼아 초콜릿을 먹지 않았다. 그랬더니 몇 년 동안 계속되던 두통이 거짓말처럼 사라졌다며 놀라워했다.

필자에게서 저혈당증 이야기를 들은 후 T양은 다니고 있는 병원의 주치의에게 저혈당 검사를 부탁했다. 그러나 주치의는 "환자가 저혈당증이라면 모든 사람이 다 저혈당증일 겁니다. 환자에게 저혈당증이라고 말한 사람이 저혈당증일 거예요"라며 아니꼽다는 듯이 말했다. 그러나 T양의 증상이 개선되지 않자 의사는 3일에 걸쳐 혈당치를 검사했다. 그는 고혈당을 의심한 듯했지만 자신의 예상과는 반대로 혈당치가 상당히 낮게 나오자 검사 결과에 적잖게 당황했다. 결과에 놀란 주치의는 혈당을 올리는 약을 처방하겠다고 했다. 하지만 병원 내의 임상심리사의 노력으로 T양은 약은 처방 받지 않을 수 있었다.

T양은 혈당 저하를 확인한 후 당부하 검사는 하지 않았다. 그래서 필자는 모리오카 의료생협 니오우 진료소의 사카 마사키 의사에게 검사를 부탁했고, 검사 결과 T양은 저혈당증으로 밝혀졌다.

30여 가지의 병명에 33가지의 약

T양에게 내려진 진단명은 다음과 같다.

> **약년성 고혈압**젊은 연령층에 나타나는 고혈압, **신경화증**고혈압으로 신장이 굳어지는 증상, **아프타성 구내염**입 안의 점막에 궤양이 발생하는 증상, **구각염**입 끝에 부스럼이 나고 갈라져 생기는 염증, 만성 위염, **위하수**일반인보다 위가 아래로 처짐, 위확장, 담낭염, 담낭증, 만성췌염, 신경증, 불안신경증, 히스테리, 흉곽출구 증후군[1], 위궤양, 과호흡 증후군[2], 신경성 불면증, 과민성 대장 증후군, 관절염, 간기능 장애, **일광과민증**자외선으로 인해 피부병이 발생하는 증상, 한냉성 두드러기[3], 지루성 습진, **발작성 빈맥증**발작적으로 맥박이 빨라지는 증상, **특발성 부종**얼굴이나 손, 발 등이 붓는 증상, 코 알레르기, 신경성 식욕부진

의심되는 질환도 많았는데 다음과 같다.

> **바세도우씨 병**갑상선 기능 항진증, 베체트 병[4], 교원병[5], 류머티즘, 척추 손상, 소아마비, 췌장암

T양은 여러 진료과에서 진찰을 받고 각 의사들이 진단하여 약을 처방해주기 때문에 하루에 33종류의 약을 처방 받은 날도 있었다. T양의 주치의는 약 리스트를 모두 검토한 후 전부 복용해야 한다며 자기 앞에서 먹게 했다. 약은 손바닥을 가득 채울 만큼 많았다고 한다.

T양은 처방 받은 약 이름을 기록해 두었는데, 약의 종류가 항생제, 해열진통제, 위장약, 항히스타민제 등 무려 116종류나 되었다.

의사가 시키는 대로 다 했다!

T양이 어떻게 해서 10년 동안 그렇게 고생을 해야 했는지 그녀가 직접 쓴 수기의 주요 부분을 보자.

"나는 다섯 살 때부터 공무원인 아버지의 전근으로 R시에 살게 되었다. 부모님은 여자아이니까 고생시키고 싶지 않다며 나를 유치원부터 고등학교까지 있는 미션 스쿨에 보냈다. 중학교와 고등학교 때는 정근상을 받을 정도로 건강했다. 건강만큼은 자신이 있었기 때문에 사람들에게 도움이 되고 싶어서 간호학교 시험을 보았다."

T양은 건강만큼은 자신이 있을 정도로 건강한 체질이었다. 그리고 간호사를 꿈꾸었다. 아이러니하게도 T양은 간호학교에 다니면서 현대 의료에 의해 건강을 망쳐버린 것이다. 수기는 다음과 같이 이어진다.

"간호학교에 제출할 건강진단서를 G병원의 H의사에게 부탁했을 때, 마침 혈압이 140~90mmHg, 체중은 58kg이었다. "체중을 48kg으로 조절하면 혈압도 내려가니까 밥을 먹지 말고 세 끼 전부 야채샐러드에 소금으로 간을 해서 먹으세요. 마요네즈는 칼로리가 있으니까 안 됩니다. 체중이 많이 나가면 신장에 부담을 주게 됩니다"라는 식사 지도를 받았고 그대로 실행했다."

단 한 번의 혈압 측정으로 이렇게까지 극단적으로 지도하는 의사도 드물다. 의사의 지도는 대개 '이 정도'라는 수준에서 이해하는 것이 가장 무난한데, '밥을 먹지 마라'는 지도는 정말 놀랍기만 하다. 그것으로 건강이 악화되어 증상이 심해지면 전부 의사 책임인데 말이다.

밥을 먹지 않으면 당연히 에너지가 떨어진다. T양은 의사에게 너무 피곤하고 힘이 없다고 상담했다. 의사는 "설탕을 많이 넣은 커피를 마시세요"라고 했고, T양은 이것도 충실하게 실행했다.

"체중이 감소하니까 두통으로 일어날 수도 없었다. G병원에서 약년성 고혈압, 신경화증이라는 진단을 받고 치료를 받았다. 입시 준비로 힘이 들어서 그렇다고 생각하고 크게 마음을 쓰지 않았지만 그 후 나의 인생은 180도 달라졌다. 간호하는 측에서 간호 받는 측이 된 것이다.

이때까지만 해도 10년 동안 10회에 걸쳐 입원과 퇴원을 반복하게 되리라고는 생각지도 못했다. 강의중에 어지럼증과 구토 증상이 일어났고 증상은 전혀 호전되지 않았다. (중략) 식욕부진이 되자 심인성을 의심, 학교에서 의사를 소개해 주었지만 불신감이 더해져 아무 것도 말하지 않았다."

T양이 의사에 대해 불신감을 가진 것은 당연하다. 심인성이 의심되었기 때문에 심료내과에서 진찰을 받았다. 그림 치료에 성장기의 가정환경 등이 조사되었고, 전혀 짐작도 하지 못했던 치료법도 행해졌다. 주로 약물 치료가 이뤄졌다. 만약 심신의학이나 정신의학에 영양학적인 생각이 받아들여졌다면 T양은 10년이라는 시간을 더욱 뜻있게 보낼 수 있었을 것이다.

필자와의 만남 후 T양은 설탕을 삼가는 생활을 계속하여 약에서 완전히 멀어져 건강을 되찾았으며 멋진 배우자를 만나 한 아이의 엄마로서 행복하게 살고 있다. 입원과 퇴원, 통원을 반복한 T양의 부모가 병원에 지불한 금액은 수천만 엔이나 되었다고 한다.

지금의 심료내과에는 T양과 비슷한 증상의 환자가 여전히 많다.

각주

1 흉곽출구 증후군 흉곽 출구가 좁아지면서 혈관신경 속을 압박하여 여러 증세가 나타나는 질병.

2 과호흡 증후군 폐에서 산소와 이산화탄소의 가스 교환이 너무 많이 일어나서 생기는 어지럼증이나 기절하는 증세.

3 한냉성 두드러기 추운 곳에 오래 있으면 피부가 가렵고 두드러기가 생기는 증상.

4 베체트 병 눈·구강·성기 등에 염증이 생기거나 상처가 오래 지속되는 염증성 질환.

5 교원병 혈관 결합조직에 널리 나타나는 모든 질환을 말한다. 류머티즘, 피부근염, 악성신경화 등이 있다.

07

현미식으로 완치된 마음의 병

의료계에는 엄청난 수의 의학회가 존재한다.

내과, 외과, 이비인후과, 안과 등 진료과목마다 학회가 있고, 학회의 분과회와 연구회까지 합치면 수백 개가 될 것이다. 각 모임마다 회장과 여러 명의 부회장이 있다. 여기에 위원장과 이사까지 더하면 베테랑 의사의 대부분이 어떤 직위 하나쯤은 다 갖고 있는 셈이다. 그것이 그들 의사의 지위이고, 일단 얻은 직위는 우리가 생각하는 것 이상으로 소중하게 여긴다.

각 의학회는 독립되어 있다. 가령 산부인과 학회의 경우 분만에 대한 자주적인 기준을 정하고, 소아과 학회는 소아 의료에 대해 독자적인 방식을 취하는 식이다. 또 학술단체를 표방하는 의학회도 알고 보면 이해관계가 얽혀 있다. 그만큼 의학회는 독자적인 특색이 강한 집단이다. 의학의 독자성을 견지하는 자세는 지나칠 정도로 당당해서 일단 정해진 것은 쉽게 변경되지 않는다. 그것도 1년에 1~2회 정도 개최되는 전문의들의 '집안' 모임이어서 새로운 분야의 학설을 받아들이려는 분위기가 없다. 학회의 회장 뜻을 거슬러 새로운 개념을 받아들이려고 하면 뭇매를 맞을 각오를 해야 한다.

이런 상황이다 보니 정신의료에 영양적인 측면을 받아들이려고 생각한 정신과 의사가 있다면 개인적으로 받아들여야 하는 분위기인 것이다. 병원에서 근무하는 영양사의 경우 팀 의료의 일원으로서 영양의 관점에서 환자 치료에 대응하기도 한다. 그러나 이런 경우는 거의 드물고, 칼로리를 계산하며 병원식 조리에 관여하는 경우가 대부분이라고 할 수 있다.

의사와 영양사는 똑같이 국가자격을 가지고 있지만 의료계에서는 '격'의 차이를 들고 있다. 결정적으로 의사가 영양사에게 접근하지 않는 한 양자의 협력관계는 어려울 수밖에 없다.

영양사의 식사로 완치된 정신과 환자

한 영양사가 정신질환 환자에게 현미식 식사 실험을 하여 흡족한 성과를 얻었다. 그러나 의학회에서의 발표는 인정되지 않았다. 이 이야기는 월간지 〈톱 저널〉 2002년 4월 호에 실린 '음식은 인생을 바꾼다?'라는 특집기사의 내용으로 소개되었다.

현미정식 지도단체 '창현'의 회장 간토 히로에는 젊을 때 한 정신병원의 관리영양사로 일했다. 당시 간토는 현미식에 대해 연구하고 있었고, 형편 없는 병원 급식 때문에 속상해 했다.

'올바른 식사를 하면 환자들의 마음의 병도 개선되지 않을까?'

간토는 현미식에 의한 식사요법을 시도해 보고 싶다고 과감하게 원장에게 제안했고, 원장은 기꺼이 허락해주었다. 그래서 입원 환자를 30명씩 두 그룹으로 나누어 한쪽에는 현미식을, 다른 한쪽에는 기존의 병원 급식을 하게 했다. 그 결과는 어떻게 되었을까? 현미식으로 식사한 그룹은 전원 증상이 호전되었다. 분열증이었던 환자도, 우울증이었던 환자도 모두 증상이 크게 호전된 것이다.

간토는 이 획기적인 연구 성과를 논문으로 정리했고 정신과학회에 논문을 발표하려고 했다. 그러나 기존의 정신의학계로부터의 방해가 있었다고 한다. '음식으로 정신병이 치료된다면 정신과 의사는 먹고 살 수가 없게 된다'는 것이 방해 세력의 속사정이었을 것이다.

그로부터 약 10년 후, 미국에서도 식사요법에 의한 똑같은 임상연구가 행해졌다. 결과는 간토가 내린 결론과 같았다. 무명의 젊은 영양사의 연구가 세계의 추시에 의해 입증된 것이다.

간토의 연구는 그야말로 노벨상감이 아닐까? 이러한 연구가 널리 알려지는 것을 달가워하지 않는 세력이 있지만, 이 같은 연구가 행해졌다는 것은 분명 자랑스러운 일이 아닐 수 없다.

영양요법을 적대시한 미국 정신의학회

캐나다의 정신의학자 호퍼는 그가 쓴 〈비타민B3의 효과〉라는 책에서 "논쟁은 의학 역사의 일부로, 의학이 개선과 진보를 계속하기 위해서는 불가결하다. 새로운 학설은 늘 기존의 관행에 도전한다. 연구와 경험에 의해서 어떤 것은 잘못되었고, 어떤 것은 바람직하고, 어떤 것은 유해하고, 어떤 것은 유망하다는 것을 알게 된다"고 말했다. 또 "나는 비타민B3로 분열증을 치료했다"고 자신 있게 밝혔다. 그러나 호퍼의 책에는 다음과 같은 내용도 있다.

"1967년 '캘리포니아의 분열증 환자 다섯 명'이라는 소논문을 발표했다. 이 환자들에게는 4가지 공통점이 있었다. 캘리포니아에서 왔다는 것, 표준적인 치료법에는 반응하지 않았다는 것, 내가 그들의 질환을 치료했다는 것, 크게 개선되었다는 것이다. 나는 이 논문의 제목이 미국 정신의학자들의 관심을 불러일으켜, 그들이 자신들의 환자에게 그 요법을 반복해볼 것을 바랐다. 그러나 이 보고가 가져온 결과는 놀라웠다. 우리의 연구를 반복해보려는 시도는 전혀 없이 비타민B3에 대한 보고를 더 이상 하지 못하도록 한 것이다."

미국 정신의학회는 비타민B3로 치료를 시작한 호퍼의 연구를 적대시하여 대책위원회를 만들어 방해하려 했다. 호퍼의 논문이 도발적으로 비춰졌던 것이다. 호퍼가 연구한 비타민 요법에 의한 분열증 치료가 도입되면 가장 난처한 것은 제약회사인데, 정신의학회의 부정적인 태도 이면에는 제약회사의 커다란 힘이 작용했을 것이라는 가능성을 부정할 수 없다.

호퍼는 "몇 년 후 나는 미국 정신의학회로부터 편지를 받았다. 나는 그 무렵 특별회원이었고, 회원인 적도 있었다. (중략) 그들은 편지를 통해 우리의 치료법을 단념하라고 요구하고 있었다"고 말했다. 미국 최대의 정신의학회에서도 이 같은 새로운 연구를 적대적으로 대하고, 발표할 기회마저 빼앗은 것이다.

이로 인해 가장 불행한 것은 환자와 그의 가족들이니 참으로 안타까운 일이 아닐 수 없다.

08

식사로 치료할 수 있는
몸과 마음의 병

앞에서 현미정식으로 정신질환이 치료되었다는 이야기를 소개했는데, 이것은 동양적인 식사 사상이 작용했기에 가능한 일이었다. 한방과 생약의 발상지인 중국에는 '약식동원藥食同源'이라는 말이 있다. 즉 '먹는 것이 곧 약'이라는 말이다. 의학에서는 '의식동원醫食同源'이라고 하는데, '의약과 식은 그 뿌리가 같다'는 것으로 식사의 중요함을 나타내는 말이다.

식사로 치료할 수 있는 것을 다른 수단으로 치료하려 하지 마라
인간이 살아가는 데 있어 먹는다는 것은 아주 중요한 일이다. 살아가기 위해서는 음식으로 필요한 영양소를 섭취해야만 한다. 그러나 현실에서는 이렇게 당연한 일이 제대로 이루어지고 있지 않다. 대부분의 사람들이 좋아하는 것만 먹기 때문이다. 사람들이 좋아하는 음식이 주먹밥, 감자, 된장국 등 각종 영양소가 풍부한 것이라면 상관없지만, 과자나 빵, 인스턴트식품일 경우에는 문제가 된다. 과자를 많이 먹고, 청량음료만 마시면 몸에 이상이 일어난다.

몸의 일부인 뇌도 예외는 아니어서 '오작동'을 일으키기도 한다. 필요한 영양소가 결핍되면 뇌는 몸에 신호를 보낸다. 증상이 일어나기 전에 미리 몸에 신호를 나타내는 것이다. 가령 비타민C가 부족하면 잇몸이 붓고 출혈이 나타나고, 비타민A가 부족하면 눈이 쉽게 피로해진다. 또 비타민B군이 부족하면 몸 전체의 활력이 떨어진다. 이러한 몸의 변화를 방치하면 결국 면역력 저하로 다양한 질병을 일으키게 된다. 이렇게 영양 부족에 의해 몸의 상태가 변하는 것처럼 뇌의 활동도 변한다. 뇌의 변화를 그대로 방치해 두면 마음의 병으로 이어지게 된다.

옛날부터 병의 요양에는 자양영양이 필수였다. 병문안을 갈 때는 갓 낳은 달걀을 가지고 갔는데, 이는 달걀에 양질의 단백질이 풍부하게 들어있어서 요양중인 사람에게 안성맞춤인 식품이었기 때문이다. 또 일본의 에도 시대에는 '딸을 팔아서 인삼을 산다'라는 말이 있었다. 당시 조선에서 들여온 인삼의 가격이 서민들은 꿈도 꿀 수 없을 만큼 비쌌기 때문에 나온 말이지만 그만큼 인삼의 효과가 크다는 것을 입증하는 말이기도 하다.

한편 동양의 식생활에 대해 '일물전체식'이라는 말이 있다. 식품은 한 부분만을 먹는 것이 아니라 그 전체를 먹는 것이 중요하다는 의미이다. 쌀의 경우에는 백미가 아닌 현미나 배아미를 먹는 것이 좋고, 무는 잎을, 생선은 머리와 뼈도 먹는 것이 좋다는 말이다.

미국에서 발전하고 있는 분자교정의학도 영양보조제만 권하는 것이 아니라 그와 병행하여 식사도 개선할 것을 조언한다. 가령 미정백 곡물을 섭취하고, 설탕과 우유를 섭취하지 않는다는 식이다.

마이클 레서가 쓴 〈영양·비타민 요법〉이라는 책에서는 12세기의 철학자 마이모니데스의 말을 소개하고 있다.

"식사로 치료할 수 있는 것을 다른 수단으로 치료하려 하지 마라."

동서고금을 막론하고 인간의 몸과 마음의 병을 치료하는 길을 진지하게 연구해온 사람들에게서는 공통의 기본자세를 느낄 수 있다.

전통식에 눈에 돌리자

밥, 두부가 든 된장국, 생선구이 등은 대표적인 아침식사 메뉴이다. 정확히 말하면 대표적인 아침식사 메뉴였다. 현재의 아침

식사에서 그런 메뉴들이 사라져 가고 있기 때문이다.

요즘 제대로 아침식사를 하는 사람은 많지 않다. 빵과 커피만으로 끝내거나 전철역 앞에서 토스트, 김밥 등으로 때우는 사람들이 많다. 물론 이렇게 먹는 것이 굶는 것보다 낫지만 매일 이런 식으로 아침을 해결한다면 영양부족이 될 것이 뻔하다.

과학은 대담한 가설을 세우는 것부터 시작된다. 앞에서 말했듯이 '기氣'라는 글자의 가운데에는 쌀을 뜻하는 '미米'가 들어간다. 즉, 기의 중심은 쌀이다. '병은 기에서부터'라는 말에서 '쌀을 제대로 먹지 않으면 병에 걸린다'는 가설을 세우면 다음과 같은 결론을 얻을 수 있다.

> 무기력無氣力한 사람은 쌀을 제대로 먹지 않는다.
> 사기士氣가 부족한 사람은 쌀을 제대로 먹지 않는다.
> 살기殺氣가 있는 사람은 쌀을 제대로 먹지 않는다.
> 광기狂氣가 있는 사람은 쌀을 제대로 먹지 않는다.

쌀은 동양인의 주식이다. 쌀에는 에너지원이 되는 당질, 비타민B군, 비타민E가 풍부하게 들어있는데, 쌀의 소비는 해마다 줄어들고 있다. 패스트푸드점과 패밀리 레스토랑 등 외식 산업이 발전하면서 집에서 식사를 하는 비율이 감소하는 것이 현실이다.

밥과 함께 나오는 것이 된장국이다. 된장의 주원료는 콩으로, 종류와 산지에 따라서 맛과 향이 다르다. 된장은 조미료이지만 된장 자체에는 높은 영양소가 포함되어 있다. 그리고 된장의 가장 큰 장점은 채소와 고기 같은 다른 식품과 궁합이 좋다는 것이다. 된장국에 들어가는 재료가 풍부하면 밥과 된장국만으로도 상당한 영양소를 얻을 수 있다.

내 감정을 조절하는 식품의 '힘'

하루에도 수십 번, 변죽이 죽 끓듯 하는 것이 내 마음이다. 내 감정이다. 좋아서 웃고, 싫어서 화내고, 때로는 우울해 하기도 하고…. 하루에도 열두 번 롤러코스터를 탄다. 도대체 이 감정의 정체는 뭘까? 무엇이 나를 웃게 하고 울게 하고 화나게 하고 슬프게 하는 걸까? 지금부터 그 베일을 벗겨보자.(중략)

신경전달물질을 조절하는 맞춤 영양요법

1. 행복 물질 세로토닌
내 기분을 조절하고 스트레스를 이겨내도록 돕는 물질이다. 상당수의 항우울증 약물이 세로토닌을 높이는 기전이기 때문에 일반적인 견해로는 마음과 기분의 흥분성을 높여주는 신경전달물질로 알려져 있다. 하지만 엄밀히 말하면 흥분과 안정상태를 조절해주고 평형상태를 유지해주는 조절성 신경전달물질로 보는 것이 타당하다.

이러한 세로토닌이 부족하거나 분비에 문제가 생기면 우울감뿐만 아니라 식이조절 장애, 수면 장애 등의 증상이 복합적으로 나타날 수 있다. 세로토닌을 만드는 원료가 되는 아미노산은 트립토판이며, 트립토판이 세로토닌이 되려면 비타민 B6와 마그네슘 등의 작용이 함께 필요하다. 일반적으로 트립토판이 많이 함유돼 있는 식품으로는 멸치, 북어, 홍합, 새우, 대구, 게, 호박씨, 문어, 팥, 대두콩, 쥐눈이콩, 매생이, 메밀, 가자미 등이다. 이들 식품을 먹으면 세로토닌 분비를 활성화시킬 수 있다.

아이를 위한 영양 테라피

2. 쾌감 물질 엔도르핀

모르핀은 통증을 억제하고 안정시키는 작용을 하는데 엔도르핀이라는 말 자체가 endogenous morphin, 즉 인체 내에서 만들어지는 모르핀이라는 의미를 내포하고 있다. 따라서 엔도르핀은 마약 성분인 모르핀과 마찬가지로 통증을 줄여주는 효과뿐만 아니라 인체에 생기는 과잉 감정, 반응 상태를 줄여주는 역할을 한다. 그렇기 때문에 불안이나 분노 등을 경감시켜 기분을 업(UP) 시키는 효과가 있다.

초콜릿 섭취 시 엔도르핀이 증가되는 것으로 알려져 있지만 특정 음식이 엔도르핀의 합성을 높인다기보다는 마늘, 고추와 같은 매운 음식을 섭취할 경우 엔도르핀의 분비량이 증가되는 것으로 알려져 있다.

3. 기쁨 물질 도파민

대표적인 흥분성 신경전달물질 중 하나다. 어떤 업무를 수행하고 있을 때보다는 일을 완수했을 때, 뜻밖의 좋은 결과가 나왔을 때 등등 목표 달성 후 기쁨을 느끼는 것과 연관이 깊다. 쾌감, 창조성, 도취감, 인지능력 등과 연관이 있으며, 결핍될 경우 이러한 기능이 감퇴된다. 그렇다고 너무 많이 분비되어도 문제다. 중독, 도박, 과잉 집착 등을 보이기 때문이다.

이러한 도파민을 만드는 원료 아미노산은 페닐알라닌, 타이로신 등이다. 따라서 도파민의 조절을 위해서는 우유, 클로렐라, 오징어, 누에, 돔, 북어, 모시조개, 대구, 홍합, 밴댕이, 치즈, 서리태콩 등을 적극 섭취하는 것이 도움이 된다.(중략)

ⓒ 건강다이제스트, 2017. 4. 20.

4장 정신질환에는 영양요법으로 다가가라

01

정신질환과 영양의 관계

정신분열증과 영양과의 관계를 발견하려고 한 연구들

미국에는 정신질환과 영양의 관계에 대해서 연구해온 의학자들이 꽤 있는 편이다.

캘리포니아 대학 의학부 조교수 멜빈 R. 워벡(Melvin R. Warbeck)이 쓴 〈정신질환에 대한 영양의 영향 – 임상연구자료집〉에서는 정신질환과 영양의 관계에 대해 쓴 연구 논문을 각 질환별로 요약하여 소개하고 있다.

이 책에서는 현대사회에서 문제가 되고 있는 정신질환은 거의 다 다루고 있다. 이렇게 정신질환과 영양의 관계가 활발하게 연구되고 있다는 사실은 아주 반가운 일이다.

> 공격적 행동, 알코올 의존증, 신경성 식욕부진증, 불안, 주의력 결핍, 과잉활동장애, 자폐증, 양극성 장애⁻조울증, 신경성 과식증, 치매, 우울, 섭식 장애, 피로, 다동증[1], 불면, 학습장애, 기질성 정신장애, 생리전 증후군, 정신분열증, 지발성 운동장애[2], 권태

정신분열증과 영양의 관계에 대한 여러 논문들에서 밝히고 있는 대체적인 내용은 다음과 같다.

> 1. 총 지방과 포화 지방을 많이 섭취하는 것과 정신분열증의 경과와 결과가 낮은 평가를 받은 것은 관계가 있다.
> 2. 카페인을 많이 섭취하면 불안감이 증대되고, 때로는 급성 정신분열증을 일으킬 수도 있다.
> 3. 어떤 특정 영양소가 결핍되면 정신분열형 정신증을 일으킨다. 그 예로 엽산, 아스코르빈산⁻비타민C, 피리독신⁻비타민B6, 망간, 아연, 그리고 오메가6지방산 결핍을 들 수 있다. 엽산과 동의 과잉도 비슷한 임상 현상을 일으킬 가능성이 있다.
> 4. 많은 연구자가 약리적인 양에서의 비타민B3⁻나이아신 보충을 연구해 왔는데 이중맹검법[3]의 결과는 모순되는 것이었다. 리튬의 약리적 투여는 일부 정신분열증 환자에게는 효과가 있었는데 그 사람들의 특징은 밝혀지지 않았다.
> 5. 식품 과민성, 특히 밀가루와 우유에 대한 과민성이 관련이 있다.

정신분열증과 영양의 관계를 발견하려는 연구가 상당히 진행되었

다는 것을 알 수 있다. 이중에는 나이아신 투여의 효과에 대해 부정적인 결론을 낸 논문이 있는데, 이에 대해 워벡은 다음과 같이 비판했다.

"비타민을 2년 동안 모두 섭취한 것은 30명 가운데 6명뿐이었는데도 30명 모두의 자료가 사용되었다. 실제로 니코틴산^{나이아신} 그룹의 한 명은 14일밖에 비타민을 먹지 않았고, 비타민을 섭취한 그룹의 19명 가운데 적어도 1년 동안 비타민을 꾸준히 먹은 것은 7명뿐이었다."

위 논문의 실험에서는 어떻게 하든 영양요법을 부정하려는 의도가 느껴진다. 어떻든 간에 해외에서는 정신질환과 영양의 관계에 대한 연구가 꾸준히 진행되고 있다는 것을 알 수 있다.

각주

1 다동증(多動症) 운동량이 비정상적으로 항진된 상태로, 운동항진증, 운동과다증이라고도 한다. 유아기에는 과민반응, 수면장애 등이, 소년기에는 주의산만, 정서불안, 학습장애 등을 나타낸다.

2 지발성 운동장애 향정신성 약물의 부작용으로 일어나는 운동장애.

3 이중맹검법(二重盲檢法) 환자와 의사 모두에게 치료용 약과 플라시보(placebo : 새로 개발된 약으로, 비교실험을 할 때에는 기존의 치료약과 똑같이 만들어야 한다. 단, 약 효과는 다르다)에 대한 정보를 주지 않고, 제3자인 판정자만 그 사실을 알고 검정하는 방법이다. 환자와 의사가 실험 사실을 알고 있을 경우 생길 수 있는 심리적 편견을 없애기 위한 실험방법이다.

02

단백질이 중요하다
마이클 레서의 정신분열증 치료법

    미국의 정신의학자 마이클 레서가 쓴 〈영양·비타민 요법〉에서는 각종 정신질환에 대한 비타민과 미네랄의 효과에 대해 설명하고 있다. 레서는 정신분열증 환자에게 영양·비타민 요법을 시도하여 큰 성과를 올렸는데, 책에서 다음과 같이 말하고 있다.
    "많은 환각제 사용자를 치료한 경험이 있고, 그들의 상태가 급성 정신분열증과 비슷했기 때문에 정신분열증은 화학적 장애가 분명하다고 이해했다. 정신분열증의 핵인 변용된 현실 지각은 마음의 문제가 아니라 화학적으로 유발된 것이 분명하다고 생각했다."

단백질 섭취로 치료한 초기 정신분열증

레서는 책의 서문에서 단백질의 중요성을 강조하기 위해 실제로 초기 정신분열증[1] 환자에 대해 영양요법을 실시한 예를 소개했다.

필이라는 학생은 불면, 환청, 우울 등의 증상을 호소했다. 밤새 자지 않고 과자 한 봉지를 모두 먹어 버리고, 식사는 전분과 설탕이 많은 것만 먹었다. 레서는 필에게 다음과 같이 조언했다.

"자네가 좋아지고 싶다면 무조건 먹어야 되네. 단백질을 말이야. 아침에는 달걀을, 스테이크와 달걀도 괜찮네. 점심에는 햄버거, 저녁에는 고기, 간식으로는 단백질 스낵을 먹도록 하게. 우유 한 잔이나 요구르트 한 컵, 그리고 야채도 먹어야 해. 식욕이 없다면 잠들기 전까지 2시간 간격으로 먹으면 되네. 슬퍼지거나 화가 나면 자신에게 말을 걸게. '그래, 이건 단백질을 먹으라는 거야' 하고 말이야."

레서는 필에게 HOD 테스트(호퍼와 오스몬드가 개발한 심리 테스트)를 시행한 후 지각이상에 망상증으로, 초기 정신분열증이라고 진단했다. 필은 집으로 돌아갈 때 "선생님 그 목소리(환청) 말인데요, 전 어떻게 하면 좋죠?" 하고 물었고 레서는 "그것을 듣지 않고 무시하게. '너 같은 건 지옥에나 가버려' 하고 말이야"라고 대답했다.

두 번째로 레서를 찾아온 필은 다음과 같이 말했다.

"그 목소리는 이제 들리지 않아요. 저는 아침으로 스테이크와 달걀을 먹고, 하루에 몇 번이고 고기를 먹고 있어요. 선생님 말씀대로 힘이 나고 식욕도 돌아왔어요. 잠도 잘 자고요. 아직 신경과민이긴 하지만 신경안정제는 필요 없어요."

초진으로부터 3주가 지난 후 세 번째 면접을 봤다. 이때의 필은 일반인과 같은 육체적 건강을 찾은 것은 물론 집중력도 좋아져서 학업성적도 올라갔다. 필의 경우에 대해 레서는 다음과 같이 말한다.

"내게 있어 갓 발병한 정신분열증 환자를 낫게 하는 것은 드문 일이 아니다. 불행히도 많은 환자들은 대개 몇 년 동안 강한 신경안정제를 복용한 후 나를 찾아오기 때문에 그 길을 되돌아가는 것도 어렵고 시간도 많이 걸린다. 늘 성공한다고는 할 수 없다. 필은 초기상태였기 때문에 고단백, 미정제 식품, 영양보조제로 빠르게 회복되었다."

병을 악화시키는 식욕부진

레서의 다음 말도 중요하다.

"나는 정신병적인 상황이 일어나기 전에 그 사람이 반드시 섭식과 수면에 장애를 일으키는 것을 관찰했다. (중략) 그들이 이전에 한 식사는 빈약했다. 단백질은 부족하고 커피, 청량음료, 설탕, 전분 같은 비타민과 미네랄이 결핍된 단맛의 정크푸드를 좋아했다. 수면 부족족도 정신병을 일으키는 열쇠이다."

불면증의 원인은 식욕부진과 잘못된 식사이다. 미네랄인 칼슘 및 아연과 트립토판이나 페닐알라닌 등의 아미노산 결핍에 의한 것인데, 이것들은 모두 영양가가 높은 단백질 식품을 섭취하면 공급된다.

> **각주**
>
> 1 **청소년들의 정신분열증** 정신분열증은 5세 이후, 대개 청소년기나 초기 성인기에 발병한다. 환청, 환시, 망상, 부적절한 정서, 사고장애 등을 나타내지만 정상적인 지능을 가져 자폐증과는 차이를 갖는다. 전문가들은 최근 청소년들의 등교거부증을 정신분열증의 전형적인 증상으로 보고 있다.

03

생화학으로 접근한 정신분열증
칼 파이퍼의 정신분열증 연구

5가지 바이오 타입의 정신분열증 환자

    미국 뉴저지의 브레인바이오센터는 비영리의 외래 클리닉 겸 연구센터로, 정신분열증뿐만 아니라 저혈당증, 헤르페스[Herpes1], 알레르기, 중금속에 의한 중독 등을 진료하는 곳이다. 칼 파이퍼[Karl Pfeifer]는 이 센터의 소장이었다.

    파이퍼는 정신질환과 영양의 관계를 연구하여 여러 가지 마음의 건강 문제가 영양요법으로 확실하게 호전되었다는 결론을 얻었다. 영양 결핍에 대해서도 예리하게 지적했다. 유해한 '반영양소'를 많이 섭취하면 몸과 마음의 에너지가 영향을 받는다고 했는데, '반영양소'는 음식물에서 섭취한 영양이 적절하게 작용하는 것을 방해하는 화학물질로 식품첨가물, 집안의 화학물질, 약, 연기, 폐기물, 산업오염 등이다. 가령 가솔린의 납과 담배의 카드뮴이 뇌에 축적되어 있다가 행동과 기분에 영향을 미치는 식이다.

이러한 현대사회의 문제들은 충분한 에너지 없이 대처하기 어렵다. 이것은 설탕, 홍차, 담배, 초콜릿, 약물 등 '자극물'의 과잉섭취로 이어진다. 그러나 자극물은 에너지를 고갈시켜 불안과 다동증을 일으키고, 불안상태에서 자극이 심해지면 알코올과 신경안정제 등의 항우울물질을 사용하게 된다.

또 30년 이상의 연구로 음식물과 알레르기가 일시적으로 왈칵 치솟는 감정을 일으킨다는 것을 알아냈다. 즉 적정 이하의 영양, '반영양소'의 섭취, 설탕, 자극물, 항우울물질의 과잉 사용, 식품 알레르기 등 이들 요인을 바로 잡는 것이 본질적인 개선책이다.

파이퍼는 생화학적 검사를 바탕으로 정신분열증 환자를 5가지의 바이오 타입으로 나누었다.

1. 히스타페니아 – 혈중 히스타민이 낮고 동 수치가 높다. 정신분열증 환자의 50%가 해당된다.
2. 히스타데리아 – 혈중 히스타민이 높고 동 수치가 낮다. 정신분열증 환자의 20%가 해당된다.
3. 피롤리아 – 소변에서 피롤pyrrole이 검출되고 아연과 비타민B6의 이중결핍이 나타난다. 정신분열증 환자의 20%가 해당된다.

4. 뇌 알레르기 – 가령 밀의 글루텐에 알레르기 반응을 보이는 경우를 들 수 있다. 정신분열증 환자의 10%가 해당된다.
5. 저혈당증 – 정신분열증 환자의 20%가 해당된다.

5가지 바이오 타입의 환자를 모두 더하면 100% 이상이 되는데, 이것은 많은 환자가 여러 가지의 장애를 동시에 갖고 있기 때문이다. 브레인바이오센터에서는 정신분열증이라는 꼬리표가 붙여진 5천 명 이상의 사람들을 치료했는데, 그 가운데 95%가 위의 5가지 타입에 해당되었다. 파이퍼는 바이오 타입이 정확하고 적절한 치료의 지침이 될 수 있으며, 이러한 환자의 90%가 사회에 복귀할 수 있다고 말했다.
이제부터 5가지의 바이오 타입에 대해 좀더 자세히 알아보자.

첫 번째 타입 – 히스타페니아

히스타민은 중요한 뇌 화학물질로, 통증과 알레르기에 대한 반응, 점액 과잉, 타액, 눈물을 흘리는 것 외에 몸으로부터의 분비 등 모든 반응에 관여하고 있다. 〈생화학적 정신의학〉이라는 책에도 '분열증 환자의 혈중 히스타민 농도가 낮다는 자료도 있다'고 나와 있다.
파이퍼는 수천 명의 환자에 대한 자료를 조사한 결과 환자 50%의 혈중 히스타민 수치가 낮고, 그들의 증세가 개선되면 히스타민 수치가 정상치까지 올라가는 것을 확인했다. 그러면 히스타민의 수치가 낮은 원인은 무엇일까? 파이퍼는 동의 과잉을 암시하면서 "우리가 진단한 정신분열증 환자 50%의 동 수치가 높았다. 그 환자들은 파라노이아^{Paranoia2}와 환각을 경험하는 경우가 많았는데, 그것은 아연과 망간으로 개선되었다"고 말했다.

파이퍼는 또 비타민B3 결핍으로 일어나는 펠라그라 환자의 동 수치가 높다는 연구와 그들의 높은 동 수치가 나이아신 요법으로 완화되었다는 연구를 예로 들며 나이아신의 효과를 암시했다. 뿐만 아니라 비타민C 결핍으로 동 수치가 상승하고, 높은 동 수치가 비타민C를 파괴하는 악순환도 지적했다. 그리하여 파이퍼가 얻은 두 가지 결론은 다음과 같다.

> 1. 동 수치가 높아지면 비타민B3 결핍으로 나타나는 펠라그라 같은 정신질환을 일으킬 수 있다.
> 2. 비타민B3와 비타민C가 결핍되면 공동작용에 의해 동 수치를 올릴 수 있다.

두 번째 타입 – 히스타데리아

히스타데리아는 히스타민 수치가 높은 사람을 말하는데, 정신분열증 환자의 약 20%를 차지한다. 비타민B3와 비타민C 요법에 반응하지 않고, 비타민B군의 엽산이 주어지면 확실하게 나빠진다고 한다. 히스타데리아에게 효과가 있는 것은 칼슘이다. 칼슘은 체내에 축적된 히스타민과 히스타민을 해독하는 자연 아미노산 메티오닌^{Methionine3}을 어느 정도 방출한다.

세 번째 타입 – 피롤리아

피롤리아는 소변에서 피롤이라는 물질이 높은 수치로 검출되는 경우로, 정신분열증 환자의 약 30%를 차지한다. 피롤은 건강한 정상인 11%의 소변에서도 검출된다.

소변으로 배설되는 피롤이 처음으로 정신질환과 연결된 것은 1958년으로, 캐나다인 페이자^{Peja}가 환각제로 정신질환을 일으킨 환자들의 소변에서 피롤을 발견하면서부터이다. 그 후 많은 정신질환자들의 소변에서 피롤이 발견되었다.

1961년에 호퍼 등의 정신의학자는 39명의 정신분열증 환자 중 27명의 소변에서 '연보라색 인자'를 발견했다. 도널드 어빈$^{Donald\ Ervine}$은 그것이 크립토피롤^{Kryptopyrrol}이라는 물질인 것을 알아냈고, 이 사실은 브레인바이오센터의 아더 솔라$^{Arthur\ Sola}$에 의해 확증되었다.

파이퍼는 크립토피롤이 심한 비타민B6 결핍을 낳는다는 것과 체외로 아연을 배출시킨다는 것을 알아냈다. 이러한 견지에서 비타민

B6와 아연으로 피롤리아 환자를 치료하자 상태가 호전되었다.

네 번째 타입 – 뇌 알레르기

파이퍼는 식품의 알레르기는 뇌내 호르몬 외의 중요한 화학물질의 수치에 불균형을 초래하여 우울증부터 정신분열증까지 다양한 증상을 일으킬 가능성이 있다고 했다.

미국의 알레르기 전문의 필포트Philpott는 정신병으로 진단받은 환자 250명을 대상으로 조사한 결과 음식물·화학 알레르기가 높은 수치로 나타난다는 것을 알게 되었다. 가령 정신분열증 환자 53명 중 64%가 밀에, 50%가 우유에, 75%가 담배에, 그리고 30%가 석유화학제품의 탄화수소에 나쁘게 반응했다.

파이퍼는 알코올 의존증, 우울증, 정신분열증 환자 96명과 63명의 통제 그룹을 비교한 연구를 소개했다. 정신분열증 환자 그룹의 80%가 우유와 달걀에 알레르기 반응을 나타낸 것에 비해 통제 그룹에서 어떠한 알레르기 반응을 나타낸 것은 9%에 불과했다. 파이퍼는 알레르기 치료법으로 영양요법을 들어 비타민C와 비타민B6, 칼슘, 칼륨, 아연, 망간을 섭취할 것을 권했다.

여기에서 특히 강조되고 있는 것이 밀, 호밀, 그 외의 시리얼곡물 가공식품에 의한 셀리아크 병Celiac disease[4]이다. 셀리아크 병은 정신분열증 어린이들이 많이 걸려있다는 보고를 소개하고 있는데, 이 병의 원인이 되기 쉬운 것은 글루텐 즉 밀, 호밀, 메밀, 귀리에 있는 단백질이다. 이 병의 원인으로는 장내 효소가 글루텐을 소화할 수 없어서 유독물질이 축적되고, 축적된 유독물질이 장기를 자극하여 만성 소화불량과 흡수불량을 일으킨다는 이론이 있다. 또 글루텐의 한 성분이 기분이나 감정에 관여하는 중요한 뇌내 화학물질 엔돌핀과 경합한다는 이론도 있다.

  파이퍼는 정신분열증의 병리에서 글루텐의 과민성을 고려해야 한다고 말한다.

다섯 번째 타입 – 저혈당증

  파이퍼는 혈당의 중요성에 대해 다음과 같이 말하고 있다.
"혈액으로 수송되는 당^{포도당}은 몸의 세포가 활동 에너지를 모두 얻는 연료이다. (중략) 축적된 포도당과 미네랄이 고갈되면 몸의 세포는 더 이상 적정한 에너지를 만들어낼 수 없다. 뇌는 체내의 모든 기관과 조직 가운데 혈액으로부터 공급되는 포도당에 가장 많이 의존하고 있다. 뇌는 혈당이 떨어지면 즉시 영향을 받아 피로를 느끼는 것과 동시에 일시적으로 감정이 치솟게 된다."

  혈당을 정상으로 유지하기 위한 최적의 식사는 감자, 야채, 견과류 등의 복합 탄수화물 식사이다. 설탕 같은 정제 탄수화물은 몸의 포도당 대사에 최악의 식품이다. 곡물이 다당류인 것에 비해 설탕은 이당류로 빠르게 분해되어 혈당치를 급격히 높이기 때문에 췌장이 대량의 인슐린을 분비해 혈당치를 급격히 저하시킨다. 그 결과 대량의 당 처리를 반복적으로 강요당한 췌장이 과민해져서 저혈당증이 발생한다.

저혈당에 대처하기 위해서 몸은 부신으로부터 아드레날린을 분비시키고 췌장을 자극해 글리코겐을 내게 한다. 아드레날린은 호퍼의 연구에 등장하는 아드레노크롬 Adrenochrome 과 관련이 있는데, 이 점에서도 저혈당증은 매우 중요한 의미를 갖는다.

각주

1 헤르페스(Herpes) 급성 염증성 피부질환으로, 주로 성기 주위에 수포가 발생한다. 피부나 점막의 접촉을 통해 전염되는데, 항바이러스제로 치료되지만 바이러스가 완전히 소멸되지 않아 거의 평생 동안 재발한다.

2 파라노이아(Paranoia) 한 가지 사물에 집착하여 지속적으로 망상을 나타내는 상태로, 편집병·편집광이라고도 한다. 피해망상, 질투망상, 호소망상 등으로 나타나며, 의처증·의부증이 이에 속한다. 환각이나 환청은 나타나지 않지만 대부분 정신분열증에 포함되어 있다.

3 메티오닌(Methionine) 황이 들어있는 필수 아미노산으로, 단백질에 함유되어 있지만 사람에게 부족하기 쉽다. 간질환이나 여러 가지 중독증의 치료에 사용된다.

4 셀리아크 병(Celiac disease) 밀, 호밀, 보리 등에 들어있는 단백질 성분인 글루텐을 소화하지 못하여 알레르기 반응을 보이는 병이다. 글루텐이 함유된 음식을 섭취하면 복통, 설사 등을 일으키고 심하면 암에 걸릴 수도 있다. 이 병에 대한 치료법은 아직 알려져 있지 않다.

04

비타민B3를 먹어라
아브람 호퍼의 정신분열증 연구

캐나다의 정신의학자 아브람 호퍼의 정신분열증 연구의 핵 가운데 하나는 아드레노크롬의 독성에 대한 나이아신의 효과를 검증한 것이고, 또 하나는 정신분열증과 소변에서 검출되는 크립토피롤과의 관계를 탐구한 것이다.

1951년, 리자이나 종합병원의 정신의학 연수의였던 호퍼는 영국에서 온 정신의학자 험프리 오스몬드^{Humphry Osmond}를 만났다. 오스몬드는 스마이시즈와 함께 정신분열증에 독성화합물 M이 있다는 가설을 세웠다.

그들은 메스칼린^{Mescaline}[1]에 주목했다. 메스칼린은 멕시코에서 자라는 구슬선인장의 일종인 로포포라^{Lophophora williamsii}의 페요테^{Peyote}

에 함유되어 있는 마취성 알칼로이드로, 환각작용을 일으킨다. 그들은 메스칼린으로 유발된 건강한 정상인의 심리적 경험과 정신분열증 환자의 경험을 비교했다. 두 그룹의 감각장애, 운동장애, 행동장애, 사고장애, 이해장애, 환각, 분리, 기분장애는 매우 비슷하게 나타났다. 그들은 또 메스칼린의 구조가 아드레날린과 비슷하다는 것도 인식했다. 뿐만 아니라 천식 환자용 아드레날린 용액이 악화^{변색}된 것이 같은 심리적 경험을 일으킨다는 것도 알아냈다.

아드레날린 생성을 막는 비타민B3

호퍼는 메스칼린 같이 심리적 체험을 일으키고 아드레날린과 구조가 비슷한 물질을 찾기로 했다. 그러다가 1952년, 서스캐처원 정신분열증 연구위원회에서 아드레노크롬 연구로 의학박사 학위를 딴 허천^{Hutcheon} 교수로 인해 아드레노크롬에 주목하게 되었다. 아드레노크롬은 아드레날린의 산화에 의해 생성되는 물질이다.

호퍼는 아드레날린에 대해 다음의 두 가지 방정식을 제시했다.

1. 노르아드레날린 → 아드레날린   2. 아드레날린 → 아드레노크롬

방정식 1은 메틸군을 필요로 한다. 노르아드레날린은 메틸 공급

체로부터 메틸군을 골라내어 아드레날린이 된다.

호퍼는 이 두 가지 방정식으로부터 아드레노크롬이 환각 등의 정신 분열증 발생에 관계된다면 아드레노크롬의 원료가 되는 아드레날린의 분비를 억제하면 된다고 생각했다. 거기에는 두 가지 방법이 있다.

> 1. 노르아드레날린에 메틸군이 더해지는 것을 막으면 아드레날린의 분비를 억제할 수 있다.
> 2. 아드레날린의 아드레노크롬화를 억제하여 다른 화합물로 만든다.

호퍼는 이전에 비타민에 대해 연구한 경험이 있어서 나이아신이 메틸 수용체라는 것을 알고 있었다. 비타민B3의 두 가지 형, 나이아신과 나이아신아미드 모두 메틸군을 골라내는 메틸 수용체이다. 호퍼는 이 비타민이 노르아드레날린을 이용할 수 없게 하면 아드레날린의 생성을 감소시킬 수 있다고 생각했다.

아드레날린과 노르아드레날린

몸은 혈당 저하에 대처하기 위해 부신으로부터 아드레날린과 노르아드레날린이라는 호르몬을 분비한다. 아드레날린은 대뇌변연계[2]를 자극해 분노, 불안, 적의, 폭력 같은 공격적 감정을 일으키고, 노르아드레날린은 공포감, 자살충동, 강박관념, 불안감 같은 감정을 일으킨다. 노르아드레날린은 대뇌피질 전두영역 영역46의 신경전달물질이다. 그래서 저혈당에 의해 노르아드레날린의 농도가 급상승하면 이성적인 판단을 할 수 없게 되고 발작적인 감정에 지배받게 된다.

도쿄대학 조교수인 나카야스 노부오가 쓴 〈초기분열증〉에 노르아드레날린에 대한 흥미로운 병례가 실려 있다. 당초에 환자에게 페르파나딘 6mg^{2주간}을, 이어서 할로페리돌^{Haloperidol} 2.25mg^{3주간}을 투여했지만 전혀 효과가 없었다. 초진으로부터 5주 후 옥시페르틴^{Oxypertine}을 투여하자 2주 후에 증상이 경감되기 시작했고, 2개월이 지나자 모든 증상이 거의 없어졌다고 한다. 옥시페르틴은 노르아드레날린을 고갈시키는 약이다.

소변에서 크립토피롤이 검출됐다

이미 파이퍼의 연구에서 크립토피롤^{KP}과 정신분열증의 관계를 설명했는데, 호퍼 역시 이에 관심을 가졌다. 호퍼는 1960년에 환각제 경험을 모델로 사용하여 정신분열증의 생화학적 문제를 발견할 수 있을 것이라고 생각했다.

그는 우선 치료용 환각제를 투여받은 알코올 의존증 환자의 소변을 모았다. 그리고 환자의 소변에서 연보라색 점을 발견했다. 그 연보라색 인자의 성질을 조사한 후 정신분열증 환자의 소변을 조사하자 놀랍게도 같은 합성물질이 발견되었다. 그로부터 몇 년에 걸쳐 네 곳의 센터에서 수천 명의 환자를 대상으로 소변을 조사해 다음과 같이 다양한 정신질환 결과를 얻었다.

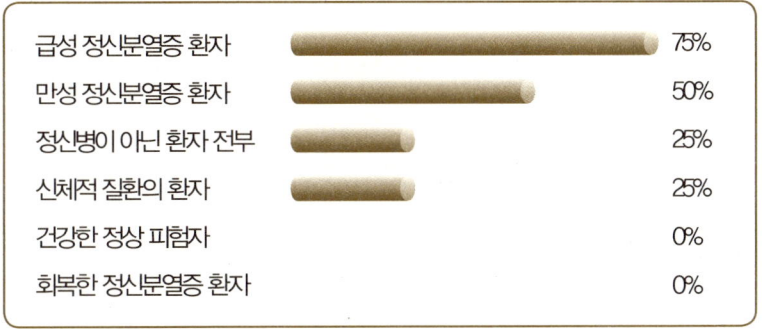

호퍼는 소변에서 KP가 확인된 사람들을 '마르바리언'이라고 이름 붙이고, 1963년에 마르바리언 환자와 비마르바리언 환자를 비교했다. 마르바리언 그룹에서는 지각장애, 사고장애, 부적응 행동을 쉽게 볼 수 있었다. 그래서 마르바리언은 공식적인 진단을 받지 않은 정신분열증 환자라고 생각하게 되었고, 비타민B3의 유효성을 검증하게 되었다.

39세의 한 여성은 5년간 알코올 의존증으로 고생하고 있었다. 자각 증상은 없었지만 편집증, 긴장, 우울, 자살 기도 등의 증상을 보였다. 소변 검사에서 그녀는 마르바리언이라는 것이 밝혀졌다. 그녀에게 환각제를 주고, 그 다음날부터 나이아신아미드 투여를 시작하자 그녀는 정상을 되찾게 되었다.

호퍼는 KP가 피리독신^{비타민B6}과 아연의 이중결핍을 일으킨다는 사실을 몰랐다가 후에 파이퍼를 통해 알게 되었다. 호퍼는 비타민B3가 유효하다는 것을 알아냈는데, 파이퍼는 비타민B6와 아연이 유효하다는 것을 발견한 것이다. 피리독신은 체내에서 트립토판을 비타민B3로 변환하는 데 필요하므로 비타민B6의 결핍은 비타민B3의 결핍을 초래한다. 두 명의 정신의학자가 정신분열증과 KP의 관계에 대해서 명확하게 인식하고, 치료의 포인트로 삼은 것이다.

나이아신 투여로 혼수상태에서 깨어나다

호퍼는 아드레노크롬에 대해 연구하고, 나이아신 투여의 효과를 검증하는 연구에 박차를 가했다. 준비조사, 이중맹검방식의 연구, 임상연구, 추적연구 등으로 개선, 입원일수, 재입원 횟수, 자살 유무 등에서 효과를 증명했다.

준비조사의 한 경우를 살펴보자.

22세의 한 남성은 폭력적인 정신병으로 입원하여 전기 경련법으로 단기간 개선되는 듯 보였으나 곧 재발하였다. 인슐린 쇼크요법Insulin shock treatment[3]이 실행되었지만 점차 악화되어 구속복을 사용하게 되었고, 결국에는 혼수상태에 빠졌다. 정신과 의사가 오스몬드에게 환자가 사망할 것 같다고 알리러 왔다.

이 말을 들은 호퍼는 오스몬드에게 비타민B3와 비타민C를 투여할 것을 제언했다. 환자는 음식물을 먹지도 마시지도 못했기 때문에 위에 튜브를 넣어 나이아신 5g과 아스코르빈산 5g을 주입했다. 그날 밤 그는 혼수상태에서 깨어났다. 다음날은 자리에서 일어나 물을 마실 수 있게 되었다. 그 후 매일 나이아신과 아스코르빈산을 각각 5g씩 투여하자 2주 후에는 상태가 호전되었고, 4주 후에는 퇴원할 수 있게 되었다. 몇 년이 지난 후 호퍼는 이 환자를 다시 만났다. 그는 입원했던 것을 기억하지 못했고, 정상적인 직장인으로서 열심히 살고 있었다고 한다.

이중맹검방식의 연구로 개선된 사람의 수는 플라시보Placebo 그룹에서는 3/9, 나이아신 그룹에서는 8/10, 나이아신아미드 그룹에서는 9/11였다. 임상연구에서는 통제 그룹 18명의 환자 한 명당 입원일수가 319일, 비타민B3 그룹 78명의 한 명당 입원일수는 234일로 통제 그룹의 입원일수보다 짧았다. 추적조사에서도 나이아신 그룹이 플라시보 그룹에 비해 재입원 일수가 짧았다.

설탕 대신 비타민을 먹어라

호퍼는 정신분열증을 증후군으로 보고 그 증상으로 뇌 알레르기, 비타민 결핍, 비타민B3 의존증, 미네랄 결핍, 유독 미네랄, 환각 유발제를 들었다. 가장 흔한 형태로 뇌 알레르기와 비타민 의존 증후군을 꼽았는데, 가장 쉬운 치료법으로 식사 개선과 비타민의 대량 투여를 들었다. 식사는 설탕이 빠진 식단으로 구성하고, 식품 알레르기 병력이 있다면 알레르겐⁴ 식품을 찾아 치료를 해야 한다고 했다.

호퍼는 정신분열증 치료에 가장 효과적인 세 가지 비타민은 비타민B3, 비타민B6, 비타민C라고 강조했다. 즉 나이아신, 나이아신아미드, 아스코르빈산이다. 매일 섭취하는 나이아신은 체내의 히스타민을 점차 저하시킨다. 히스타민은 알레르기 반응을 보이는 동안 방출되어 독성반응을 일으킬 가능성이 있기 때문에 나이아신을 이용하여 이들 독성반응을 저하시킨다.

또 아스코르빈산이 히스타민을 파괴하므로 혈액 중에 히스타민이 대량으로 존재하고 있어도 대량의 아스코르빈산이 혈액 내에서 순환하거나 체내의 조직에 존재하면 손상은 줄어든다.

샌드위치에 비타민B3를 넣은 아버지

호퍼는 1960년에 다음과 같은 일을 겪었다.

미국에서 한 의사가 전화를 걸었다. 그는 매우 침울한 상태였다. 그의 열세 살짜리 아들이 몇 개월 전부터 대학병원의 정신과 병동에 입원해 있는데, 정신과 교수로부터 당신의 아들을 낫게 할 치료법은 없다, 절대 회복되지 않으니까 정신병원에 입원시키고 가능한 빨리 아들을 잊는 것이 최선이라는 충고를 들었다고 한다. 그러나 이 의사는 그 충고를 받아들일 수 없었다. 의학 도서관에서 자료를 조사하다가 호퍼의 논문을 읽게 되어 연락을 해왔다고 한다.

호퍼는 아들에게 하루에 3g의 나이아신을 복용케 할 것을 권했다. 100mg 정제로 된 캡슐의 독성을 피하기 위해 500mg 정제를 사용할 것을 권했다. 의사는 한 비타민 회사에 500mg 정제의 제조를 부탁했고 나이아신을 입수하자마자 병원으로 가지고 가서 아들에게 투여해 달라고 부탁했다. 그러나 정신과 교수는 매우 적대적으로 반응하면서 나이아신은 이미 시험했지만 효과가 없었다는 명백한 거짓말은 물론 나이아신이 뇌를 건조시킨다는 말까지 했다. 이 정신과 교수는 잔혹하게도 "만약 나이아신을 먹인다면 아들을 퇴원시키겠다. 하지만 매우 중증의 신경병이라서 집에서는 돌볼 수 없을 것이다"고 말했다.

의사인 아버지는 화가 났다. 그는 아들에게 나이아신을 주기로 결심하고 아내에게 아들이 먹을 샌드위치를 만들 때 나이아신을 갈아서 넣으라고 했다. 아내가 두려워하며 거부하자 자신이 직접 샌드위치를 만들어 매일 오후에 아들을 찾아가 함께 산책을 하며 나이아신을 넣은 샌드위치를 먹었다. 3, 4주 정도 지나자 아들은 "아버지, 이 샌드위치를 먹을 때마다 몸이 붉어져요"라고 말했다. 아버지는 아들이 정신과 의사에게 그 증상을 말할까봐 그 다음부터는 샌드위치에 나이아신 대신 나이아신아미드를 넣기 시작했다.

비타민B3를 먹이기 시작한 지 12주가 지나자 아들은 "아버지, 집에 돌아가고 싶어요"라고 말했고, 의사는 아들을 퇴원시켰다. 이후 아들은 18개월 동안 나이아신아미드를 섭취했고, 명문 고등학교를 졸업하게 되었다.

아들의 상태가 호전되자 아버지는 호퍼에게 비타민B3를 계속 섭취해야 하느냐고 물었다. 호퍼는 시험 삼아 비타민B3를 끊어보라고 조언했다. 6개월 후 아들의 증상이 재발했고, 다시 나이아신아미드를 투여했으나 1달이 지나도 상태는 호전되지 않았다. 그래서 호퍼가 몇 주에 걸쳐 페니실라민^{Penicillamine}을 투여하자 완전히 회복되었다. 그 후 의사의 아들은 비타민을 계속 복용했고, 지금은 의사가 되어 연구 일을 하고 있다고 한다.

호퍼는 현재도 정신분열증과 영양의 관계에 대한 임상활동을 하고 있고 홈페이지에 그 경과와 성과를 발표하고 있다. 호퍼가 실행한 것과 같은 영양요법이 왜 널리 보급되고 있지 않은지는 이미 앞에서 언급한 바 있다.

> **각주**
>
> **1 메스칼린(Mescaline)** 메스칼린 분자는 부신에서 분비되는 호르몬으로, 아드레날린 및 노르아드레날린과 구조적으로 비슷하다. 메스칼린은 복용한 지 2~3시간 후에 약효가 나타나기 시작하는데, 때로는 12시간 이상 약효가 지속되기도 한다. 환청보다 환시가 주로 나타나며, 구토를 일으킬 수 있다. 메스칼린은 페요테 선인장에서 추출하여 만들기도 하지만 합성할 수도 있다.
>
> **2 대뇌변연계(大腦邊緣系)** 대뇌반구의 안쪽과 밑면에 해당하는 부위로 뇌실을 둘러싸고 있다. 후각, 감각, 본능 등을 일으키거나 통제하는 데 중요한 역할을 한다.
>
> **3 인슐린 쇼크요법(insulin shock treatment)** 이른 아침 공복에 고단위의 인슐린을 주사하여 저혈당 상태로 되어 혼수상태가 되면 일정 시간이 지난 후 포도당을 투여하여 각성시키는 요법이다. '저혈당 혼수요법'이라고도 한다. 한때 정신분열증 환자의 치료법으로 많이 사용되었지만 쇼크와 혼수 등의 부작용으로 오늘날에는 사용하지 않는다.
>
> **4 알레르겐** 알레르기성 질환의 원인이 되는 항원.

05

불포화 지방산 EPA를 투여하라
호로빈의 정신분열증 연구

호로빈의 연구

영국 분열증협회 의료 고문인 호로빈Horrobin이 쓴 〈천재와 분열증의 진화론〉에는 다음과 같이 흥미로운 내용이 실려 있다.

"1936년 닛센의 논문에 주목했다. 논문에서는 관절염 환자는 거의 정신질환에 걸리지 않고, 분열증 환자가 관절염이 되는 경우는 드물다고 말하고 있었다. 그래서 통증에 관심을 가지게 되었다. 정신질환에 걸린 환자의 가족들에게 물어본 결과 환자는 이상할 정도로 통증에 강했는데, 특히 중증의 정신질환일 때 그것은 현저히 드러났다.

또 뇌 매독의 말라리아 요법으로 노벨상을 수상한 바그너 야우레

크$^{Wagner\ Von\ Jauregg}$의 에피소드에서 암시를 받아 분열증 환자에게 말라리아 요법을 시도했다. 처음에는 증상이 사라지는 것 같았으나 열이 떨어지자 곧 재발했다."

호르빈이 분열증 환자들의 통증에 대한 의문을 품고 있을 때 콜레스테롤 수치가 높은 환자에 대한 조언을 부탁받았다. 콜레스테롤을 떨어뜨리는 데 가장 좋은 것은 나이아신이었으나 홍조가 염려되어 호퍼에게 전화를 했다. 호퍼는 환자에게 심한 홍조가 나타나는 일은 거의 없다고 대답했다.

이때 호로빈의 머리에 번득이는 것이 있었다. 환자에게서 홍조가 나타나지 않고, 통증을 느끼지 않는다, 관절염에 걸리지 않는다, 열의 효용. 이들을 연결하는 것이 있었다. 모든 것은 아라키돈산$^{Arachidonic\ acid}$과 그것으로부터 생성되는 프로스타그란딘$^{Prosta\text{-}glandin}$과 관련된다는 것을 깨달았다. 인체는 염증 반응을 일으키는 것으로 상처에 대응한다. 홍조, 고통, 부종은 인지질[1]로부터 아라키돈산이 프로스타그란딘으로 변환할 때 일어난다.

그 후 연구자들은 환자의 적혈구와 뇌 안의 아라키돈산이 결핍되어 있다는 것, 아라키돈산의 산화율이 높다는 것, 불포화 지방산의 산화가 크고, 세포막의 아라키돈산이 적고, 혈액 중의 필수 지방산이 낮다는 것을 확인했다. 이론적으로는 지방산, 특히 EPA$^{Eicosapentaenoic\ acid}$[2]가 유망했다. 호로빈은 피트와 공동으로 환자 그룹에 EPA, DHA, 플라시보를 투여하여 효과를 비교했다. EPA 그룹은 다른 두 그룹에 비해 커다란 개선율을 보였다. 새로운 환자에 대해서도 같은 비교연구가 행해졌는데 EPA를 투여한 환자 31명 중 10명이 1, 2주 사이에 표준적인 약물요법이 필요 없을 정도로 상태가 호전되었다.

> **각주**
>
> **1 인지질(燐脂質)** 분자 안에 인산이 들어있는 복합 지질로, 거의 모든 생물조직에 들어 있다. 동식물의 세포를 형성하는 중요한 물질로, 뇌와 간에 많이 함유되어 있으므로 신경전달이나 효소계의 조절에 중요한 작용을 한다.
>
> **2 EPA(Eicosapentaenoic Acid)** 에이코사펜타에노산의 약칭으로, 콜레스테롤을 저하시키는 불포화 지방산이다. 식물성 플랑크톤 등에 많이 함유되어 있어서 이들 식물을 먹이로 하는 어류에 많이 축적되어 있다. 특히 정어리, 고등어, 꽁치, 참치 등의 등푸른 생선에 많이 함유되어 있다. 현재 콜레스테롤을 저하시키는 건강식품으로 많이 사용되고 있다.

설탕 팩트폭행!

설탕 많이 먹으면 뇌 손상, 스트레스 회복력 떨어져

요즘만큼 설탕이 대세였던 적이 또 있을까? tvN '집밥 백선생'에서 손호준이 "음식에 설탕을 때려 넣으면 다 맛있더라"고 말한 것처럼, 우리의 혀는 그만큼 단맛에 길들어 있다. 최근 설탕이 첨가된 음식을 먹으면 뇌가 치명적인 손상을 입는다는 연구결과가 나왔다. 호주 뉴사우스웨일스대와 인도 영양국립연구소 공동 연구팀은 실험용 쥐를 대상으로 설탕음료와 스트레스의 연관성에 관해 실험했다. 연구팀은 스트레스 없는 쥐, 설탕음료를 마신 쥐, 스트레스에 노출된 쥐, 스트레스에 시달리면서 설탕음료를 마신 쥐 등 실험용 쥐를 네 부류로 나눠 생후 15주까지 관찰했다. 그 결과, 설탕음료를 만성적으로 섭취한 스트레스 없는 쥐들은 설탕음료를 마시지 않은 스트레스에 노출된 쥐와 유사하게 뇌의 해마가 변해 있었다. 해마는 학습과 기억, 감정, 스트레스 반응 등을 담당하는 뇌 부위다.

이번 실험에서 생애 초반 스트레스 노출이나 설탕음료 섭취는 스트레스 호르몬인 코르티솔과 결합하는 수용체의 발현을 저하시켜 스트레스 상황에 대한 회복력을 떨어뜨리는 것으로 나타났다. 뉴로드1(Neurod1)이라는 신경 성장에 중요한 유전자도 설탕과 스트레스에 의해 감소됐다.

설탕이 건강에 안 좋다는 것을 알면서도 그 맛을 뿌리치기가 마냥 쉽지만은 않다. 그러나 이번 연구를 통해 어린 아이들이 설탕이 든 음식이나 음료를 많이 먹으면 뇌 발달과 성장에 영향을 줄 수 있다는 것이 한 번 더 입증된 셈이다. 설탕이 든 음식을 자제해야 하는 것은 어린 아이뿐만 아니라 성인도 마찬가지다. 세계보건기구(WHO)는 하루 섭취 열량의 10%(약 50g) 이상을 설탕에서 얻지 말 것을 권하고 있다. 한국인의 하루 평균 당 섭취량(2010년 기준)은 61.4g으로 위험 수준인 것으로 나타났다. 이번 연구결과는 호주 시드니모닝헤럴드가 16일 보도했다.

ⓒ 브레인미디어, 2016. 2. 18.

ADHD와 식습관

　최근 주의력결핍 과잉행동장애(ADHD)를 나타내는 학생들이 증가하고 있다. 예전에는 한 학급에 1명이 있을까 말까 할 정도였는데 지금은 한 학급에 5명 이상 15% 정도가 ADHD를 보이고 있고 산만한 학생을 꼽는다면 더 많을 수도 있다. 왜 이렇게 ADHD가 늘어나고 있을까? 의문이 아닐 수 없다.

　요즘 아이들은 먹는 것으로 보면 예전보다 잘 먹고 발육상태도 뛰어나지만 정서적인 면에서는 뒤처지는 것 같다. ADHD 증상은 천재와 백치의 종이 한 장 차이라고 말한다. 예전의 위인들만 보더라도 레오나르도 다빈치도 ADHD 증상을 보였는데 얼마나 산만하였으면 모나리자의 얼굴에 눈썹을 칠하지 않고 미완성으로 끝난 작품이라 한다. 그런 성향으로 완성을 못한 작품이 다반사라고 한다.

　그에 비해 미켈란젤로는 치밀한 성격으로 수많은 걸작을 탄생을 시켜 이것저것 끝맺지 못하는 레오나르도 다빈치와 비교가 되곤 한다. 이처럼 천재와 산만의 기준이 모호한 ADHD는 우리 뇌의 이상적인 발현에 의해 만들어지는 것이다. 뇌로 보면 우리의 앞이마 즉 앞짱구라고 속되게 부르는 전전두엽의 이상이 일어나는 것이다.

　우리 뇌는 고속도로와 같이 잘 뚫려진 뇌 회로로 되어 있으면 아무 증상이 없는데 LP판에서 바늘이 튀듯이 뇌 회로가 가끔 튀기 시작하면 주의력 결핍, 충동성을 보이게 된다. 전전두엽은 우리가 사람답게 살 수 있는 행동, 기준을 정하는 아주 중요한 부위인데 이쪽에 손상이 일어나면 한마디로 미래에 벌어지는 일들을 예측할 수가 없다.

　예를 들어 정상적인 행동이 어려운데 목욕탕에 들어가서 샤워를 할 때 옷을 벗고 하는 것이 아니라 옷을 입고 샤워를 하게 된다는 것이다. 굉장히 튀는

ADHD, 영양으로 케어하자

행동 같지만 ADHD 성향에 있는 아이들에게는 이런 일이 많다. 이런 ADHD는 뇌의 장애에서 일어나지만 다른 외부적인 요인에 의해서도 일어난다.

우선 유전적인 요인이 있다. 이 유전적인 영향은 이란성 쌍둥이와 일란성 쌍둥이를 비교한 연구가 있는데 여기에서 유전적인 면이 강한 일란성 쌍둥이에서 ADHD 증상이 많다는 것이다. 또한 임신 중에 음주와 흡연이 직접적인 영향이 될 수 있다. 임신 중에 우울증상이 반복되는 경우 특히 부부가 사이가 좋지 않고 남편이 속을 썩일 때 산모의 극심한 스트레스가 태아의 뇌에 영향을 미쳐 ADHD 증상을 보인다는 것이다.

식습관에도 많은 영향을 준다. 특히 영양부족에 의해 ADHD 증상이 늘어난다. 영양부족, 영양결핍, 요즈음 이렇게 영양결핍이 일어날 수가 있나 의문이 되겠지만 현실에서 영양부족은 일어나고 있다. 이것은 식습관과 관계가 많은데 편식이 그 주범이 될 수가 있다. 한쪽 방향으로 너무 쏠려 있는 식습관, 과도한 인스턴트, 패스트푸드 섭취 그에 따라 오는 각종 식품 첨가제, 중금속 등이 우리 몸을 망치게 되는 것이다.(중략)

ADHD는 치료 개념에서 여러 프로그램이 나와 있지만 식습관으로부터 ADHD 장애를 극복하는 것을 추천하고 싶다. 우선 ADHD 성향의 학생들은 인체 내에 활성산소를 제거하지 못하는 경우가 있다. 이는 몸속에 활성산소를 제거하는 항산화 효소가 작용을 못한다고 할 수 있다. 이를 극복하기 위해서는 미네랄과 비타민이 많이 들어 있는 채소와 과일을 많이 섭취하라고 권한다. 채소와 과일도 미네랄이 풍부한 것을 섭취하려면 제철에 나는 과일, 채소가 좋고, 기왕이면 먼 나라에서 수입된 것보다는 국내에서 생산된 농산물을 추천한다. 또한 ADHD 증상은 몸 안에 중금속하고 관계가 많으므로 몸속 구석구석에 있는 중금속을 배출하기 위해서는 식이섬유를 섭취하는 게 좋다.

ⓒ 브레인미디어, 2014. 12. 8.

5장

마음의 병에 걸린
사람들이 원하는 것

01

약에 지친 사람들

'말에게 먹일 수 있을 만큼' 많은 분량의 약

파이퍼의 저서 〈정신질환과 영양〉을 읽은 한 남성이 전화로 상담을 해왔다.

그의 딸이 정신질환으로 몇 년 동안 치료를 받고 있는데 증상이 호전되지 않아서 걱정이라고 했다. 그는 의사로부터 "가벼운 분열증인 것 같다"는 말을 들었고, 현재 딸은 집에서 지내고 있다고 했다. 그의 아내가 이 책을 서점에서 발견하고 딸에게 해당되는 내용이 많아서 구입했는데, 필자에게 구체적인 방법을 조언해 달라고 했다. 그는 "말에게 먹일 수 있을 정도로 엄청난 양의 약을 복용했지만 상태가 조금도 나아지지 않아서 걱정이다"라고 호소했다.

그들 가족이 워낙 먼 곳에 살고 있어서, 일단 시간이 날 때 상담을 받으러 오라고 했다. 상담을 받으러 올 때는 그동안 딸이 먹은 약 리스트를 지참하도록 했다. 이후 그들이 가지고 온 약 리스트에는 총 15종류의 상품명이 나열되어 있었다. 소화효소 분비 억제제를 비롯해 강력한 정신안정제[2종류], 항우울제[3종류], 항불안제, 조직회복성 궤양 치료제, 항 콜린계 파킨슨병 치료제, 위장약, 대장 자극성 설사제[2종류], 최면진정제[2종류] 등이었다.

딸은 평소에 단 것을 좋아했다

딸은 단 것을 좋아해서 매일같이 과자, 빵, 초콜릿을 먹었고 담당 의사는 식사에 대해서 어떤 지도도 하지 않았다고 한다.

처방 약 중에는 소화효소의 분비를 억제하는 약이 있었다. 매 식후와 취침 전에 복용하도록 되어 있는데, 이런 약은 증상에 맞게 복용하는 것이 중요하다. 그런데 하루 4회 14일 동안 연속해서 복용해도 좋을까? 강력한 신경안정제가 2종류, 항우울제가 3종류, 최면진정제가 2종류인데, 같은 효과를 노리는 약을 왜 여러 개 사용하는 것일까? 특히 3종류나 되는 항우울제는 무엇이란 말인가?

혈압을 올리는 약도 처방되었는데 그것은 아마도 혈압이 낮게 나왔기 때문일 것이다. 약의 부작용도 있을 수 있지만 식생활만 봐도 환자의 저혈당이 의심되었다. 저혈당 증상 중에는 저혈압과 우울증도 있으니 말이다.

비타민 종합제로 완치되다

필자는 이 부모에게 딸이 저혈당증일 수도 있다고 말했다. 일단 저혈당증을 전문으로 치료하는 의사를 소개시켜 주었고, 그들은 의사와 상담한 후 자신들이 살고 있는 지역에서 당부하 검사를 받았다. 검사를 맡은 의사는 저혈당증을 이해하지 못했기 때문에 5시간이 아닌 3시간 혈당치만 확인했는데, 3시간 사이에 혈당치가 낮아졌다는 결과가 나타났다. 역시라는 생각이 들었다. 지금까지 딸의 혈당치에 대해서 어느 누구도 문제를 삼지 않았다니 참 안타까운 일이다.

필자는 이들에게 비타민B3와 비타민B 종합제, 아연을 섭취해 보라고 권했다. 비타민B 종합제에는 비타민B6가 포함되어 있고, 비타민B는 종합제로 섭취하는 것이 좋기 때문이다. 비타민B3는 호퍼의 연구를 바탕으로, 비타민B6와 아연은 호퍼와 파이퍼의 크립토피롤 연구에 근거하여 추천했다.

그들이 세 가지 영양소가 들어있는 보조제를 딸에게 먹이기 시작한 지 10일이 지나서 아버지로부터 기쁜 소식을 알리는 전화가 걸려왔다. 지금까지 딸은 식욕부진으로 식사를 충분히 하지 못했는데 아침에는 밥과 된장국 등을 맛있게 먹을 수 있게 된 것은 물론 수면제 없이도 잘 수 있게 되었다고 했다. 5개월 후에는 약을 전혀 복용하지 않게 되었다는 소식도 전해졌다. 딸은 1년 후 완치되었다.

역시 저혈당이었다

또 다른 딸에 대한 고민을 가진 아버지로부터 상담을 받은 적이 있다.

딸은 17세에 분열증이라는 진단을 받았고 10년 동안 상태가 나아지지 않았다. 아버지가 파이퍼의 저서 〈정신질환과 영양〉을 읽은 후 아연의 중요성을 인식해 반 년 전부터 딸에게 아연제를 먹였더니 약간 호전되는 것처럼 보였다고 한다.

그동안 딸이 병원에서 처방받은 약은 1일 3회 복용이 6종류, 취침 전 복용이 3종류, 아침저녁 2회 복용이 2종류였다. 치료를 받은 지 10년이 지나도 이렇게 많은 약을 복용해야 한다는 것은 약으로는 병을 치료할 수 없다는 것을 증명하는 것이 아닐까?

아침저녁 2회 복용하는 약 중에는 저혈압 약도 있었다. 필자는 그것을 보고 저혈당증을 의심했다. 저혈당증인 사람은 저혈압, 저체온인 경향이 있으니 말이다. 그래서 아버지에게 지금까지 혈당치 검사를 받은 적이 있냐고 물었더니 10년 동안 그런 검사는 한 번도 받지 않았다고 했다.

필자는 센바 시의 마리아 클리닉을 소개해 주었고 아버지는 며칠 후에 딸을 데리고 가서 검사를 받았다. 10일 후 검사 결과를 물었더니 역시 혈당이 매우 낮았다고 했다. 검사가 시작된 지 2시간 반 만에 혈당치가 44mg/dl로 낮아졌고 금식 시는 97mg, 최고치는 151mg, 최저치는 50mg도 되지 않았다. 인슐린 수치도 상당히 높았다. 틀림없는 저혈당증이었다.

잃어버린 10년 – 부모의 분노

앞의 아버지는 '잃어버린 10년'이라는 제목으로 다음과 같은 글을 보내왔다.

"딸은 고등학교 1학년 때부터 학교도 가지 않고 방에서 나오지 않는 상태가 되었습니다. 친구들로부터 괴롭힘을 당했기 때문이라고 했습니다. 내과, 정신과를 비롯해 여러 병원을 돌아다녔지만 애매한 말만 할 뿐 확실한 진단은 내려지지 않았습니다. 그러던 중 한 병원에서 분열증이라는 진단을 받게 되어 약물치료를 시작했습니다.

1995년 봄부터 이성을 잃고 날뛰는 상태가 빈번히 일어나 병원에 입원시켰습니다. 3개월 후 퇴원했는데 그 후에도 가끔 난리를 일으컸습니다. 대학에 입학한 후에도 정신과 약을 복용하면서 학교를 다녔지만 결국 학교를 그만두게 되었습니다.

마리아 클리닉에서 혈당 변화 조사를 받고, 2시간 반 만에 심한 저혈당이 된다는 것을 알았습니다. 생각해보니 딸은 식사를 하고 2시간 반 정도가 지나면 이성을 잃고 흥분했었습니다. 병원에서 권유받은 식사요법과 영양보조제를 꾸준히 복용한 결과 그로부터 1년 후 증세가 크게 호전되었고, 지금은 무리 없이 일상생활을 하고 있습니다. 한 달에 한 번 정도 알 수 없는 증상을 보이긴 하지만 안심하고 잘 수 있게 되었습니다. 최근에는 불안감을 호소하지도 않고, 심했던 변비도 사라졌습니다. 이제 한 고비만 넘기면 된다고 기대하고 있습니다.

일본의 정신과 치료법은 대증요법[1]으로, 이상현상을 억제하는 투약만 하고 있을 뿐 환자의 건강을 회복시키는 치료법은 하지 않는 것 같습니다. 뿐만 아니라 몸의 상태에 대한 치밀한 검사 없이 문진만으로 판단하고 있습니다. 혈당이 시간의 경과에 따라 변한다는 당연한 사실을 알기까지 10년이나 걸렸다는 것과 의료진이 사람의 삶을 너무 가볍게 다루고 있는 것이 아닌가 하는 생각에 화가 납니다.

이 요법은 비타민과 미네랄을 이용하는 것으로, 약을 먹는 것이 아니라서 안심하고 행할 수 있습니다. 보험이 되지 않아서 경제적 부담이 크긴 하지만 딸의 인생과는 바꿀 수 없는 것이므로 최선을 다

하고 있습니다.

데이케어센터[2]에는 딸과 비슷한 증상의 사람들이 모여 있는데, 그중에는 자살을 시도했던 사람도 있습니다. 정신과 의사가 환자를 치료하는 데 노력하지 않고 복지활동에 열중하는 것은 본분을 망각한 행동이라고 생각합니다."

정신의학계는 10년이나 정신과에서 처방한 약을 딸에게 먹여야만 했던 아버지의 이 절실한 호소에 귀를 기울였으면 한다.

각주

1 대증(對症)요법 병의 원인을 치료하는 것이 아니라 겉으로 드러나는 증상만 완화시키는 요법으로, 원인 요법이 없는 질병에 대해 사용한다. 감기의 경우, 감기 바이러스를 없애는 것이 아니라 해열제나 가래약을 처방하는 것으로 치료하는 대표적인 대증요법이라 할 수 있다.

2 데이케어센터 정신질환자의 사회복귀를 위한 병원 내 시설. 환자는 통원하면서 사회복귀 훈련을 한다.

02

약을 거부하는 환자들,
약에 기대는 의사들

비타민B3의 효과에 환호하는 가족들

2001년 가을, 〈제3문명〉이라는 잡지와의 인터뷰에서 캐나다의 호퍼 박사가 비타민B3를 주로 하는 영양요법으로 정신분열증 치료에 큰 성과를 올리고 있다는 것을 이야기했다. 그 내용이 〈제3문명〉 2001년 11월호에 '라이너스 폴링 Linus Pauling[1]의 영양학이 제창한 것'이라는 기사로 게재되었다.

이 기사를 읽은 한 남성이 "나는 17세 때 발병해 지금은 43세입니다. 비타민B3를 시험하고 싶으니까 입수 방법을 가르쳐 주십시오"라며 상담을 해왔다. 이 남성은 직장에 다니고 있어서 가끔 통원치료를 받으며 향정신성 약을 복용하고 있었다. 남성은 비타민B3를 먹기 시작한 지 며칠이 지나 전화를 걸어 다음과 같이 말했다.

"비타민B3를 먹기 시작한 날부터 확실히 변화가 느껴졌습니다. 지금까지는 제가 겁을 먹고 있어서 주위 사람에게 위압감을 주었는데, 그것이 없어졌습니다. 아내가 저 보고 얼굴이 달라졌다고 합니다."

기사를 읽고 편지를 보낸 이도 있었다.

"기사를 읽고 관심을 갖게 되었습니다. 아들은 20세 무렵에 발병하여 현재 41세입니다. 환청, 환각, 우울, 폭언 등의 증상을 보이며, 지금은 집 안에서만 생활하고 있습니다."

아들은 최근에는 치매 증상도 보인다고 했다. 작년 8월, 의사가 처방한 약에 붙어있는 설명을 읽어보니, 부작용이 너무 많아 약으로는 아들의 증상이 치료될 수 없을 것이라고 생각했다고 한다. 아들이 비타민B3를 먹기 시작한 지 1주일이 지난 후 어머니로부터 전화가 왔다. 그녀는 밝은 목소리로 인사를 한 후 남편을 바꿔주었다. 아들이 비타민B3를 먹기 시작한 지 2, 3일이 지나자 눈에 생기가 돌고, 얼굴 표정이 정상이 되었다고 했다.

약에 기대는 병원과 의사들

앞에서 말한 두 명의 예에 대한 기사가 〈제3문명〉 2002년 4월호에 게재되자 전국에서 분열증으로 수년간 약물치료를 받고 있다, 비타민B3를 구입하고 싶다는 사연들이 매일같이 전해졌다.

다음은 한 어머니의 호소이다.

"아들은 20세 때 발병하여 현재 23세입니다. 대학병원에서 '망상성 장애'를 진단 받고 통원치료를 받았는데, 약물치료보다는 카운슬링을 받을 수 있는 곳을 찾다가 시에서 클리닉을 소개받았습니다. 정신분열증이라고 진단 받아서 저도 함께 갔는데, 카운슬링이라고 해도 의사 혼자서 무리하지 마라, 서두르지 마라, 푹 쉬어라는 말과 함께 아침 점심 저녁 총 24알, 취침 시 4알의 약을 먹으라고 처방해 주었습니다. 저는 불안과 불신으로 약을 적게 주는 의사를 찾을까 생각하고 있습니다."

한 여성 환자에게 투여되고 있는 약을 알려준 사람도 있었다. 다음과 같은 약이다.

> 이소미탈Isomytal, 프로바린, 헤게타민, 센노사이드Sennoside, 레보토민Levotomin, 로히프놀Rohypnol, 아로젠Alosenn, 벤자린Benzalin, 세레네스Serenace, 아키네톤Akineton, 콘토민Contomin, 셀벡스Selbex, 콘스탄Constan

불안 혹은 긴장을 완화하고 개선한다는 약이 무려 8종류였다. 이들 약의 효과는 제대로 연구된 것일까? 한 가족은 대학병원 정신과에서 주치의로부터 "약을 전부 시험해 보겠습니다"라는 말을 들었다고 한다.

내가 심리학을 배울 무렵의 책에는 학습의 기본 형태로 고양이나 쥐의 시행착오 실험이 실려 있었다. 고양이나 쥐는 상자나 우리에서 돌아다닐 때 우연히 어떤 반응을 하면 먹이를 얻게 된다는 것을 알게 되고, 실험이 반복될수록 먹이를 얻기까지의 시간이 짧아진다. 기존의 약을 차례로 시험해보는 치료법은 고양이나 쥐의 시행착오법과 다를 것이 없지 않을까?

> **각주**
>
> **1 라이너스 폴링**(Linus Pauling) 노벨화학상과 노벨평화상을 수상한 미국의 화학자. 1970년 〈비타민C와 감기〉라는 책을 펴내 비타민C 열풍을 일으켰다. 그는 비타민C가 감기와 암에 효과가 있다고 주장했지만 확실한 근거를 제시하지 못했고 결국 암으로 사망했다.

03

비타민B3로 좋아졌다

비타민B3를 먹기 시작한 후 증상이 호전되었다는 소식이 차례로 전해졌다. 그 내용을 요약해 보자.

| 사례 1 |

나이아신을 먹기 시작한 지 약 한 달이 지났습니다. 환자 특유의 몸짓이 사라졌습니다. 콧노래도 부르고, 컨디션도 좋아 보입니다. 처음에는 하루에 나이아신을 3g씩 먹였는데, 구토 증상이 있어서 2g으로 조절하고 있습니다. 희망이 보입니다. 고맙습니다.

| 사례 2 |

　장남은 곧 26세가 됩니다. 최악의 우울증 상태에서 벗어난 지 5, 6년이 되었습니다. 그 사이 취직을 해도 쉽게 피로를 느끼고 완전 녹초가 되어 직장에 다닐 수 없게 되었고, 다시 취직을 해도 같은 상황이 반복되어 여러 직장에 폐를 끼쳤습니다. 지난 달, 손님으로부터 선생님에 대한 이야기를 듣고 바로 나이아신을 구입했습니다. 아들은 바로 그날 저녁부터 일을 하게 되었던 터라 식후에 나이아신 500mg을 먹여 보냈습니다. 철야 후 아침에 퇴근한 아들은 피곤한 기색이 전혀 없어 보였습니다. 4일 후에는 "머리카락까지 윤기가 나고 탄력이 생겼어요"라고 말했습니다. 제가 이발소를 하는데 만져보니 정말 머리카락이 매끄러웠습니다. 지금은 정말이지 최고로 행복합니다.

| 사례 3 |

　비타민B3를 먹은 지 3주가 되었습니다. 매일 아침 겨우 일어나 출근하던 남편의 표정이 날마다 살아있고, 다른 사람처럼 건강해졌습니다. 아직까지 병원 약은 먹고 있지만 상태를 보면서 서서히 줄이려고 합니다. 희망의 빛이 보입니다. 긴 터널 끝에 환한 빛이 보입니다.

04

환자의 정신, 마음, 몸을 보라

〈죽음의 수용소〉의 저자 빅터 프랭클의 또 다른 저서 〈의미에 대한 의지〉에서는 분열증 환자에게 '반성제법'이라는 의학적 정신지도를 행한 내용을 충실하게 소개하고 있다.

환자의 정신을 무시하지 마라

프랭클의 말을 인용해 보자. 환자는 열아홉 살의 여학생이다.

프랭클 : 당신은 지금 위기에 처해 있습니다. 당신은 특정한 진단에 관심을 가져야 합니다. 내가 보기에는 그것이 위기입니다. 기묘한 생각

과 감정이 당신을 괴롭힌다는 것을 알고 있습니다. 우리는 현대 약물의 진정 효과를 이용하여 당신의 돌변하는 감정의 균형을 회복시키려고 노력해 왔습니다. 지금 당신은 무대 위에 있습니다. 새 출발이 당신을 기다리고 있습니다. 하지만 사람은 인생의 목표가 없고 도전할 것이 없으면, 자신의 인생을 새로 시작할 수 없습니다.

환자 : 선생님, 말씀하시는 것은 알겠습니다. 하지만 나를 괴롭히는 것은 '나의 내부에서 일어나는 것은 무얼까' 하는 것입니다.

프랭클 : 깊이 생각하지 마세요. 괴로움의 근원을 찾으려 하지 마십시오…… 당신을 손짓하는 목표가 없습니까? 가령 예술의 달성 등 당신 안에서 발효해 가는 많은 것들, 아직 작품으로 완성되지 못한 예술작품, 창조를 기다리는 미완성의 그림, 당신의 손으로 완성되기를 기다리는 많은 것들이 없나요?

환자는 마지막에 "나는 선생님의 말씀을 믿습니다. 나를 행복하게 하는 메시지입니다"라고 말하고 밝은 표정으로 사라졌다. 몇 주 후에 이 환자는 일과 공부를 다시 시작할 수 있을 만큼 분열증 증상에서 해방되었다고 한다. 위의 사례는 분열증을 치료할 때 인생의 의미에 마음을 돌린다, 즉 '뜻을 세운다'는 정신적 차원을 무시해서는 안 된다는 사실을 잘 보여주고 있다.

프랭클은 정신, 마음, 몸을 인간의 세 가지 차원으로 들면서 정신질환자를 도와주는 데도 이것을 절대 잊어서는 안 된다고 당부했다. 하나의 차원만 보는 것은 환원주의에 지나지 않기 때문이다.

환자의 마음을 함께 느껴라

환자의 마음을 공감하고 이해하는 것이 중요하다.

미국의 심리학자 콤즈^{Kombs}가 공저한 〈원조관계〉에서는 감수성의 개발은 타인이 인식하고 있는 현실을 그의 현실로 기꺼이 받아들이는 것을 필요로 한다고 주장하며 다음의 에피소드를 소개하고 있다. 저자 중 한 명이 정신병원에서 경험한 일이다.

어느 날, 정신병원의 병실을 방문했을 때 한 환자가 자신의 셔츠를 찢고 돌진해 왔다. 고통을 확실히 표현하면서 "선생님, 내 가슴에는 악마가 열넷이나 들어 있어요! 나를 창으로 찔러 주세요! 악마가 보이지 않나요?" 하고 소리쳤다.

물론 나에게는 그것이 보이지 않았다. 그러나 환자가 그렇게 느끼고 있었던 것은 분명했다. 그래서 나는 "조, 내게는 보이지 않지만 당신이 악마들을 느끼는 것은 알겠어요. 당신의 고통에 마음이 아파요" 하고 대답했다.

그 후 조와의 대화의 문이 열렸고, 장시간의 대화가 가능하게 되었다. 만약 악마가 보인다는 조의 말을 무시하고 비웃었다면 조는 내가 자신의 현실을 조금도 이해하지 못하는 것으로 여겨 끝내 마음을 열지 않았을 것이다.

몸에 영양으로 접근하라

우리의 몸 중에서 마음과 가장 깊이 관계하고 있는 기관은 뇌이다. 뇌는 영양이 없으면 활동할 수 없고, 세포가 살아갈 수 없다. 반복하여 설명했듯이 결정적으로 중요한 것은 영양이다.

영양으로 접근하려면 우선 식생활에 대한 인식을 바꾸는 것이 필요하다. 건강보조제에만 의존하는 것으로는 적정한 영양상태를 달성할 수 없다.

호퍼는 설탕을 넣지 않은 식사를 권했다. 이 책에서 예로 든 많은 환자들의 경우를 봐도 설탕의 대량 섭취가 눈에 띄는 원인이었다. 설탕의 대량 섭취는 고혈당 → 인슐린 과잉 분비 → 저혈당 → 아드레날린 분비를 일으키므로 정신질환 발병의 중대한 요인 가운데 하나로 생각하는 것이 좋다.

호퍼는 우유와 유제품도 먹지 말 것을 권했다. 파이퍼는 정신분열증의 바이오 타입 가운데 하나를 '뇌 알레르기'라고 정의했는데, 호퍼도 알레르기를 일으키는 것으로 우유와 유제품을 들고 있다.

식사 개선과 함께 중요한 것이 영양 보충이다. 호퍼가 오랜 기간에 걸쳐 연구해온 비타민B3를 주로 하는 보조제의 복용에 대한 자세한 내용은 호퍼의 저서 〈비타민B3의 효과 - 정신분열증과 영양요법〉에 나와 있다. 책에서 비타민과 보조제에 대한 부분을 인용하면 다음과 같다.

"분열증을 치료하기 위한 세 가지 주요 비타민은 비타민B3, 비타민B6, 비타민C이다. 대개 시작할 때 하루에 섭취할 양은 비타민B3가 3g, 비타민C가 3g, 비타민B6가 250mg이다."

비타민B3에는 나이아신과 나이아신아미드가 있다. 나이아신은 말초 혈관을 확장시키기 때문에 얼굴을 비롯해 피부에 홍조를 일으키지만 나이아신아미드는 그런 반응을 일으키지 않는다. 비타민B3를 복용하고 구토 증상이 나타나면 최대량을 초과한 것이니 양을 줄이거나 복용을 중지해야 한다. 미네랄로는 아연, 철, 셀렌[1] 등이 중요하고 필수 지방산으로는 EPA가 주목되고 있다.

마지막으로 주의해야 하는 것이 나이아신을 삼가야 하는 경우이다. 레서는 다음과 같이 나이아신을 삼가야 할 조건을 들고 있다.

- 고혈압으로 약물치료를 받고 있는 사람은 안심하고 나이아신을 복용할 수 없다. 혈압의 급격한 저하를 초래할 수도 있기 때문이다.
- 활동성 궤양질환이라면 나이아신의 복용을 피해야 한다. 나이아신의 산 때문이다. 그러나 궤양 환자가 나이아신을 필요로 한다면 니코틴산 칼륨에는 견딜 수 있다고 되어 있다.

- 나이아신은 요산의 수치를 높이기 때문에 통풍[2]에 걸린 사람은 발작을 일으킬 수도 있다.
- 나이아신은 혈당치를 높이므로 당뇨병 환자는 인슐린을 늘릴 필요가 있을 수 있다.
- 활동성 간장질환이 있는 사람은 나이아신의 대량 섭취를 피해야 한다.

> **각주**
>
> [1] **셀렌(Selenium)** 달을 뜻하는 그리스어 'selene'에서 이름을 딴 것으로, '셀레늄'이라고도 한다. 셀렌은 비타민E와 결합할 경우 산화방지 효과를 나타내는 무기질로 주로 육류, 생선, 곡물에 많이 들어 있다. 미국 과학자들의 연구 결과, 매일 일정량의 셀렌을 섭취하면 암 발생률이 절반 이하로 낮아진다고 한다.
>
> [2] **통풍** 오랫동안 몸 안에 요산이 쌓여 생긴 요산 결정체가 여러 조직에 침착되어 증상을 일으키는 질환으로, 대개 40대 이후의 남성에게서 발생한다. 관절염, 요산결절, 신장이상의 형태로 나타나는데, 발가락 관절이 심하게 붓고 여러 관절의 통증을 수반한다.

구석기 식단 한 끼의 잠재력

뇌는 구석기 식단을 기억한다

뇌는 유기적인 구조물로 어떤 영양소를 공급하느냐에 따라 구조와 기능이 결정된다. 뇌가 가진 잠재능력을 최대한 대로 발휘하고 싶으면 고대의 음식을 먹어야 한다. 인스턴트식품과 패스트푸드가 만들어지기 이전의 음식을 먹어야 한다는 것이다. 즉 곡식을 재배하고 가축을 기르기 수천 년 전의 구석기시대의 원초적인 음식을 먹어야 한다.

인간 뇌의 구조와 형태는 구석기 시대의 풍부했던 음식의 지배를 받았다. 뇌 세포는 지방 유형에 의존하면서 성장하였으며 과일, 견과류, 채소, 야생 식물에서 나오는 효소로 신경 전달계를 만들었으며 구석기시대의 음식의 영양소로 생명과정에 필요한 유전자도 만들었다.

오늘날 우리가 먹는 음식은 영양소에 많은 변화가 있다. 뇌 안에 있는 유전자는 별로 달라진 것은 없지만 우리의 식습관은 많은 변화가 있었다. 많이 달라진 식습관으로 뇌 기능은 많은 장애를 일으켜 우울증, 기억력 감퇴, 지능 저하, 치매와 같은 비정상적인 상태를 보이고 있다.

진화의 관점에서 볼 때, 오늘날 우리가 먹고 있는 음식들은 뇌의 유전적인 구성을 만드는 성분과 차이가 있는 것으로, 우리의 뇌는 구석기 시대의 음식을 갈망하고 있다. 뇌는 진화되면서 구석기 시대의 음식을 갈망하지만 우리의 식단은 그 당시에는 볼 수 없었던 음식을 먹고 있다.

구석기 시대의 음식은 자연 그대로의 영양을 품고 있다. 자연적으로 만들어진 영양소는 식이섬유와 효소로서 이들 성분이 많을수록 생명력이 풍부하다 할 수 있다. 뇌는 현대의 식단으로 먹고 있지만 지난날 뇌를 만들었던 생생한 생명 영양소를 기억하고 있다.

현대의 음식은 맛과 저장기간에 맞게 만들어졌다. 맛을 좋게 하고 저장기간을 길게 하려면 구석기 시대에 품고 있는 식이섬유와 효소는 방해꾼이 되어 버린다. 가급적 이 물질을 없애는 것이 가공의 단계와 소비자의 입맛에 중요한 요소가 되어 버렸다.

 작물, 과일, 채소도 고유의 생명 영양소를 잃어가고 있다. 많은 종자의 개량을 통하여 우리가 원하는 영양소보다는 입맛에만 맞는 영양소만 만들어 내고 있다. 세끼의 식사 중에서 한 끼만이라도 작물이 가지고 있는 생명 영양소를 맛보았으면 한다. 씹으면서 그 음식이 우리에게 전하는 메시지와 느낌을 받았으면 한다. 뇌는 작물이 가지고 있는 생명 영양소가 섭취되면서 우리가 미처 발휘되지 못한 잠재능력과 창조력을 발휘할 것이다.

ⓒ 브레인미디어, 2017. 9. 29.

저혈당을 잡아야 행복이 온다

유쾌한 생활과 음식

　우리가 살아가면서 즐겁고 유쾌한 기분이 들 때도 있고, 슬프고 짜증이 나고 불쾌한 기분이 들 때도 있다. 그러나 시도 때도 없이 우울한 기분이 든다면 우울증을 의심해 볼 수 있다. 우울증은 '마음의 감기' 정도로 가볍게 생각할 수도 있으나 가혹한 병일 수도 있다. 우울증이 무서운 이유는 언제 무슨 일을 저지를지 모르기 때문이다. 우울증은 대인관계를 해치고 정상적인 사회생활을 어렵게 하며, 심한 경우에는 '죽음에 이르게 하는 병'이 될 수 있다.(중략)

　우울증 환자 중에는 저혈당인 사람들이 있다. 혈당치가 떨어지면 짜증, 불안, 초조 등을 느끼거나 심한 두통이나 가슴 두근거림, 손발 저림 등의 증상도 나타난다. 도정하지 않은 곡물인 현미, 보리, 율무, 귀리 같은 잡곡은 혈당지수가 낮은 식품으로 식이섬유가 풍부하다. 덕분에 소화 속도가 느려 포도당을 천천히 공급해 준다. 귀리를 빻아 만든 오트밀에는 베타글루칸이 많이 들어 있다. 베타글루칸은 천천히 소화되어 뇌에 천천히 지속적으로 포도당을 공급해 준다.

　우울증의 주요 발생원인 중의 하나는 뇌에서 희로애락의 감정을 조절하는 신경전달물질인 노르에피네프린, 세로토닌 등의 분비가 감소하기 때문이다. 노르에피네프린은 각성과 흥분을 일으키는 호르몬이며 세로토닌은 자제력과 행복을 주는 호르몬으로 '행복 호르몬'이라고 불린다. 세로토닌이 부족하면 감각이 무뎌져 명확한 판단을 내리지 못하게 만든다. 세로토닌은 아미노산의 일종인 트립토판으로부터 만들어진다. 콩, 두유, 두부 등 두류에는 트립토판이 많이 들어 있다.(중략)

ⓒ 오피니언, 2017. 8. 31.

6장
약을 먹이기 전에
식사부터 바꿔라

01

단 것을 좋아한 치매 노인들

설탕 섭취는 치매로 가는 지름길

필자는 1986년에 '치매 노인 중에는 젊을 때부터 단 것을 좋아했던 사람이 많다는 것이 조사로 판명'되었다는 기사를 읽은 적이 있다. 그 기사는 녹풍회 병원 부원장이었던 시노하라 쓰네키가 노인들을 조사한 결과를 정리한 것이었다.

기사를 읽고 치매 문제에 관심이 생겼다. 저혈당이 치매의 원인 가운데 하나일 것이라고 생각하여 시노하라에게 문의하자 그는 스웨덴의 우메아 대학 치매 연구그룹의 논문 '알츠하이머형 노인성 치매 환자에게 있어서의 혈당과 인슐린 분비의 변화'를 읽어보라고 했다. 그 논문에서는 알츠하이머군은 비교되는 다른 네 개의 군 - 다발 경색성 치매[1], 대뇌 동맥류 폐색증, 입원환자 통제군, 건강한 연배의 사람들 - 에 비해 저혈당이고 인슐린 분비가 많다는 것을 보여주었다.

다음은 〈월간 비코몬〉 1992년 7월호에 실린 치매 특집기사 중 알츠하이머형 치매의 증례에 대한 내용이다.

> 61세의 여성 - 1년 전부터 말도 할 수 없게 되었다. 9년 전에 알츠하이머로 진단 받았다. 요리를 할 때 극단적으로 달거나 짜게 간을 하고 이전에는 거의 입에 대지 않았던 초콜릿을 잔뜩 사와서 혼자 먹게 되었다. 그때부터 비정상적이고 비위생적인 행동을 보이기 시작했다.
>
> 62세의 남성 - 3년 전부터 가족과 말을 하지 않았고 회사를 오가면서부터 사탕을 잔뜩 사들이게 되었다. 알츠하이머라는 진단을 받았다. 여름에는 역 앞 빵가게에 팥 도너츠를 사러 갔다와서 샤워를 한 후 다시 팥 도너츠를 사러 빵가게로 간다.

두 사람의 공통점은 설탕의 대량 섭취이다. 고혈당으로 인슐린 과잉 분비를 일으켜서 저혈당이 되는 과정을 반복하고 있는 것이 분명하다. 이것만 봐도 설탕의 대량 섭취가 치매의 원흉임을 확인할 수 있다.

설탕만 줄여도 당대사는 저하된다

구로다 요이치로의 저서 〈치매의 원인을 찾는다〉에 의하면 CT나 MRI를 사용해 기억장애 등 알츠하이머병이 의심되는 사람의 뇌를 조사한 결과 같은 연령의 사람에 비해 뇌 도랑의 간격이 넓었다고 한다. 또 뇌내 물질의 변화 정도를 PET^{양전자방사형 컴퓨터 단층 촬영}로 조사한 결과 뇌 안에 흐르는 혈액량, 산소 소비량, 포도당 소비량이 알츠하이머에서는 대뇌피질의 전두엽에서 정상인보다 낮다는 것을 알 수 있었다고 한다.

필자는 '알츠하이머형 치매'와 '당대사'를 키워드로 하는 여러 나라의 논문을 모아 검토해보았다. 논문의 수는 예상을 훨씬 뛰어넘어 150여 편이나 되었다. 역시 PET로 측두엽, 두정엽의 당대사율 저하를 확인한 논문이 눈에 띄게 많았다. 그러나 연구가 거기까지 도달했으면서도 환자들의 식생활에 대해서는 소금도 다루고 있지 않았다. 당대사의 결정적인 중요성은 인식해도 식생활에는 눈을 돌리지 않고 무조건 약으로만 치료하려는 것이 아닐까?

일본에서는 4종류의 당대사 개선제가 효과가 없다고 알려져 있지만, 매상액은 이미 8천억 엔에 달했다. 참으로 안타깝다. 설탕 섭취량을 줄이는 것을 주로 한 식생활 개선만으로도 당대사를 저하시킬 수 있는데 말이다.

과자를 주지 않자 치매가 멈췄다

이와테 대학의 한 학생이 다음과 같이 보고했다.

"치매에 걸린 할머니가 과자가 먹고 싶어서 증손자의 몫까지 빼앗아 먹게 되었습니다. 어머니가 걱정이 되어 과자류를 주지 않자 치매 진행이 멈췄습니다."

이 보고는 일상생활의 단편일 뿐이지만 중대한 의미를 담고 있다. 치매 연구 의학자는 전자현미경 수준의 관찰뿐만 아니라 이 같은 매크로 수준의 식생활을 관찰하고 시도해 보아야 할 것이다. 그런데 거꾸로 설탕을 섭취하도록 권하는 의학자가 있으니 문제이다. 게다가 건강 잡지에서 단 것을 예찬하는 제언까지 하고 있으니 큰일이다.

한 의대 교수는 "단 것을 먹는 것이 노인 치매를 예방한다는 설도 있을 정도입니다" 하고 설명하면서 "알츠하이머형 치매 환자는 특히 단 것을 좋아한다는 연구가 보고되어 있습니다. 알츠하이머형 치매는 어떤 원인으로 당대사 기능이 제대로 작동하지 못해서 항상 혈당치가 낮은 상태입니다"라고 말했다.

알츠하이머형 치매인 사람은 저혈당이라고 말하고 있는 것이다. 그러나 원인에 대해서는 '어떤 원인'이라고 할 뿐이다. 단 것, 설탕의 과잉섭취가 원인이 되는 것은 조금도 염두에 두고 있지 않은 듯하다.

여러분은 어떻게 생각하나? 의학자의 의견이나 학생의 소박한 보고 가운데 어느 쪽이 진실에 가깝다고 생각되는가? 만약 주위에 단 것을 섭취하는 치매 환자가 있다면 즉시 시험해 보면 알 수 있을 것이다.

> **각주**
>
> **1 다발 경색성 치매** 혈관성 치매의 가장 흔한 유형. 일반적인 뇌경색이 갑자기 수족 마비, 실어증 등을 일으키는 것과 달리 뇌의 모세혈관이 서서히 막혀 특별한 증상 없이 지내다가 몇 년이 지난 후 기억력이나 집중력이 떨어지는 증상이 나타난다. 이 외에도 초기에 대·소변이나 보행을 하는 데 문제가 생길 수 있다.

02

학교를 가지 않는 아이들

인스턴트라면과 청량음료를 먹는 아이들

현재 일본의 초등학교, 중학교의 부등교 학생 수는 14만 명 가까이 되고, 해마다 증가하고 있다. 필자는 그 원인 중의 하나가 식생활의 불균형에 있다고 생각한다. 최근 국내에서도 이와 관련된 많은 문제가 발생하여 '추적 60분' 등 시사 프로그램의 단골 주제가 되고 있다.

다음은 학생들의 부등교에 대한 교사들의 보고이다.

| 사례 1 |

산골의 작은 학교에 있었을 때, 등교를 거부하는 한 학생의 집을

방문했다. 도망치고 문을 잠가버리곤 했지만 겨우 집 안으로 들어갈 수 있었다. 안에는 텔레비전, 스테레오 카세트, 전화 등이 있었다. 구석에는 청량음료 병과 담배꽁초가 가득 쌓여있었다. 점심시간 즈음 방문했을 때 그 학생은 라면을 끓이고 있었다.

| 사례 2 |

   3학년 남학생. 편모 가정. 어머니가 저녁에 근무를 하기 때문에 식사시간이 불규칙해져 저녁식사는 어머니가 출근한 후인 밤 10시경에 했다. 그나마 거를 때도 있고, 대개는 인스턴트식품과 라면으로 때운다. 청량음료는 매일 2ℓ씩 마셨다. 케이크와 초콜릿이 있으면 식사는 하지 않았다.

| 사례 3 |

   S군은 입학식 이후 학교에 거의 나오지 않았다.

   그에게는 피해망상이 있었다. 입학식 때 몇 명의 반 친구들과 눈이 마주쳤던 모양이다. 가정방문을 했을 때 그는 "언제 당할지 몰라요. 누군가 덮치면 가만 안 둘 거예요"라고 말하고는 입을 다물었다.

   거실에서 이야기를 나눈 후 본인의 허락을 얻어 그의 방에 들어가 보았다. 방 주위에 1ℓ짜리 콜라 병이 벽을 따라 늘어서 있었다. 그 후에 가정방문을 갔을 때 그는 콜라를 마시며 포테이토칩을 먹고 있었다. "저 빈 병들은 전부 네가 마신 것이니?" 하고 묻자 그는 아무렇지도 않은 듯이 고개를 끄덕였다.

S군은 하루에 2ℓ의 콜라를 마시고, 아침과 점심으로 포테이토칩 3봉지를 먹는다고 했다. 그가 등교를 거부하게 된 이유는 어머니의 문제 등 가정환경에 있는 듯하다. 그러나 고등학생이라고는 믿을 수 없을 정도로 불룩 나온 배, "콜라만은 끊을 수 없어요" 하던 대사가 기분 나쁘게 느껴졌다고 교사는 말한다.

역시 저혈당증이 문제였다

다음은 등교 거부를 하는 고등학교 2학년 딸의 문제로 상담을 해온 어느 부부의 이야기이다.

고등학교에 입학한 딸이 학교를 가지 않아 딸을 기숙사 생활을 하는 다른 사립 고등학교로 전학 보냈다. 그러나 같은 상태가 또 반복되어 딸은 집에게 쉬게 되었다. 딸은 점심 무렵에야 겨우 일어나 고작 밥 두세 숟가락을 먹었다. 낮에 무언가를 하는 것이 좋다고 해서 케이크 만들기를 한 후 저녁으로 밥 세 숟가락을 먹었다.

딸은 전학 간 사립 고등학교에서 기숙사 생활을 했다. 같은 방을 쓰는 학생들은 취침 전에 과자를 먹고 점심식사 후에도 아이스크림이나 초콜릿을 먹는 생활을 했다. 딸도 어쩔 수 없이 친구들을 따라 먹을 수밖에 없었다. 그러다가 결국 학교생활을 계속하는 것이 어려워져서 집으로 돌아왔다.

병원에서 검사를 받아도 "이상은 없다, 집에서 쉬는 것이 좋다"는 말뿐이었다. 그러나 본인은 몸이 차서 잠을 잘 수 없다, 악몽을 꾼다, 네온사인을 보면 소름이 끼친다는 신경과민과 두통을 호소했다.

필자는 저혈당증이 의심되어 저혈당증 검사를 받게 했다. 6시간의 당부하 검사에서 4시간째에 최저치로 47mg/dl가 나왔다. 금식 시에는 82mg에서 35mg으로 저하했다. 확실한 저혈당증 곡선이었다. 그 부모에게 이 검사 결과를 설명하면서 과자 섭취를 금하고, 밥을 제대로 먹는 등의 식사 개선을 권했다.

'현재의 요인'에 주목하자

이처럼 저혈당증에 대한 이해를 구하면 "그 같은 증상은 결과예요" 하는 사람이 여러 명 있다. 저혈당증이 등교 거부의 원인이 아니라 등교 거부가 낳은 증상이라는 의미이다.

인간의 행동에 대해서 원인을 탐구할 때 대개는 개인의 과거에서 원인을 찾는 '역사결정론'이나 개인의 환경에서 원인을 찾는 '환경결정론'의 입장을 취하게 된다. 현재의 행동을 이해하기 위해서는 현재 그 사람의 행동을 규정하고 있는 요인에 눈을 돌릴 필요가 있다. 학교에 갈 수 없는 개인의 지금 상태는 어떤지, 그리고 심리학적 수준에서뿐만 아니라 생물학적 수준에도 눈을 돌려야 한다.

원인 탐구라는 것이 과거에 스트레스가 된 경험은 무엇인지 그것을 찾는 것뿐이라면 개인에게는 아무런 도움도 되지 않는 헛된 노력일 뿐이다. 지금 그 학생에게 효과적인 도움은 무엇인지 그것을 찾는 것이 중요하다. 어느 하나의 학문적 차원, 심리적 차원만으로는 충분하지 않다. 적어도 생물학적 차원에도 눈을 돌려야 할 것이다.

03

일상다반사가 된 폭력

'가정 폭력'에서 시작되어 새로운 폭력의 개념들이 속속 만들어졌다. 학교에서의 '교내 폭력', 차량에서의 '차내 폭력', 비행기에서의 '기내 폭력', 나이가 유아에게 가하는 학대도 있다. 길거리에서의 폭력도 있고, 살인마저 일으키는 무차별 폭력도 있다. 이상한 것은 이러한 폭력에 대한 정신의학 이론을 찾아볼 수 없다는 것이다. 필자의 공부가 부족한 탓일 수도 있지만.

최악의 폭력은 살인인데, 정신의학자 레인은 충동 살인자의 뇌 당대사가 낮았다는 연구 결과를 보고한 바 있다. 필자가 지금까지 배운 바로는 폭력, 혹은 공격성에 관여한다고 여겨지는 요인은 저혈당, 비타민B 결핍, 칼슘 결핍, 마그네슘 결핍, 그리고 유독 금속, 특히 카드뮴과 납의 축적이다.

폭력적인 아들을 죽인 아버지

1996년에 일본의 한 가정에서 비극적인 사건이 일어났다. 복지에 관련된 일을 하는 아버지가 중학교 3학년인 아들의 가정 폭력을 견디지 못하고 자고 있는 아들을 금속 방망이로 때려 숨지게 했다.

그 전에 이 아버지는 여러 곳의 정신과 의사와 카운슬러를 찾아다녔다. 한 카운슬러로부터 "폭력에 대해 보복을 해서는 안 된다"라는 지도를 받고 아들이 폭력을 휘둘러도 저항하지 않고 견뎠다고 한다. 아버지는 아들의 요구를 거절하지 못하여 드럼을 갖고 싶다면 드럼을, 기타를 갖고 싶다면 기타를 사주었다. 비디오 녹화를 하라는 요구도 순순히 따랐다. 한 주간지 기사에는 편의점에 가서 주스를 사오라는 명령도 했다고 나와 있다. 그 아들은 필경 제대로 된 식사를 하지 않았을 것이다.

복지에 관련된 일을 하는 이 아버지도, 그를 상담했던 '마음의 전문가' 4명도 폭력을 휘두르는 아들이 어떤 식사를 했는지에 대해서는 관심을 갖지 않았던 것이 아닐까?

그것뿐만이 아니다. 이 아버지와 아들은 약을 복용하고 있었다.

시민인권옹호 단체에서 들은 이야기로는 이 아버지가 상담하러 갔던 클리닉에서는 아들이 눈치 채지 못하도록 약을 먹일 것과 아버지 자신도 약을 먹도록 권했다. 아버지는 그 말을 따랐고, 그로부터 1년 후 결국 최악의 사태가 일어났다.

아버지에게 처방되었던 약은 항우울제였다. 항우울제는 심한 부작용을 일으킬 가능성이 있다.

약을 먹고 사람을 죽이는 아이들

미국의 메리 앤 블록이 쓴 ADHD주의력 결핍 과잉행동 장애[1]에 대한 책에는 학생들에 의해 일어난 학교에서의 살인사건과 약에 대한 내용이 나와 있다.

콜롬비아 고등학교에서 총을 난사한 18세의 에릭 해리스는 당시에 항우울제인 루복스Luvox를 복용하고 있었다. 제약회사에 의하면 루복스는 자살, 판단장애, 흥분, 정신증, 망상, 정동 불안정, 환각, 적의, 편집증, 이인증[2], 불안, 그리고 우울증을 일으킬 가능성이 있었다고 한다.

블록은 이 비극의 원인을 탐구한 사람들이 사건과 약과의 관계에 주목하지 않은 것이 이상하다고 말한다. 이처럼 미국에서는 청소년들의 살상행위가 빈번하게 일어나고 있는데 대부분의 사건 당사자들은 덱세드린^{Dexedrine}, 프로작^{Prozac} 등의 약을 복용했다고 알려져 있다.

사건 당사자들이 먹은 약과 흉악한 살상행위가 관계없다고 할 수 있을까? 필자는 소년들이 약을 복용하게 된 장애의 발생 요인에 식생활의 문제가 있지 않을까 하는 가설을 세워본다. 그 가설을 입증할 방법은 없지만 말이다.

저자인 블록은 ADHD에 대한 접근으로 설탕 제한, 비타민 섭취, 알레르기 극복 등을 제언하면서 역시 식생활의 문제를 언급하고 있다.

새로운 항우울제의 부작용

일본에서 2, 3년 전부터 사용되기 시작한 항우울제 중 '팩실^{Paxil}'이라는 것이 있다. 우울증, 우울증상, 패닉 장애에 복용하는 약이다. 이 약의 중대한 부작용은 다음과 같다.

1. 세로토닌 증후군 격한 감정, 착란, 발한, 환각, 반사항진, 전율, 빈맥3, 떨림
2. 악성 증후군 항신경증 약과의 병용 – 침묵, 근육의 굳어짐, 연하곤란4, 빈맥, 혈압 변동, 발한, 발열
3. 착란, 경련
4. 항 이뇨호르몬 부적합 분비 증후군
5. 심각한 간기능 장애

'격한 감정'이라는 두려움이 느껴지는 말로 표현되는 부작용도 있다. 우울증이나 패닉 장애인 사람들 중에 상당수는 저혈당증일 것이다. 그러므로 의사는 약을 처방하기 전에 저혈당증 검사를 꼭 해야 한다. 필자가 받은 상담 중에서 우울증으로 진단 받아 10년 동안 항우울제를 복용한 한 사람은 인슐린 과잉 분비로 저혈당증이었다. 10년 동안 쓸데없이 위험한 약을 복용한 것이다.

이제는 정신증상의 근저에 있는 것에 눈을 돌려야만 한다.

> **각주**
>
> **1 ADHD**(Attention Deficit/Hyperactivity Disorder) 주의력 결핍 과잉행동 장애. 지속적인 주의력 산만과 과다활동, 충동성, 공격성을 나타내는 질환으로 아동기에 일반적으로 나타나는 장애이다. 영아기 때는 정상아의 행동과 구분하기 어렵지만 7세 전후로는 정상아와 확연히 다른 점이 드러난다. 우울증, 학습장애, 언어장애 등으로 발전하기 쉽다.
>
> **2 이인증**(離人症) 자의식장애. 현실감각이 일시적으로 상실되거나 변화되고, 자신의 말과 행동에 통제력을 잃어버리는 느낌을 말한다. 조울증, 신경증, 정신분열증 등일 때 나타난다.
>
> **3 빈맥**(頻脈) 심장 박동수의 증가에 따라 맥박 수가 급증하는 상태를 말한다. 정상인 맥박이 1분에 60~100회 뛰는 것에 비해 빈맥의 경우 맥박이 1분에 100회 이상 뛴다.
>
> **4 연하곤란**(嚥下困難) 입에서 위로 음식물이 통과하는 데 장애를 느껴 음식물을 삼키기 어려운 증세를 말한다. 식사중에 음식물이 목에 붙어 있는 것 같은 느낌이 들고, 체중 감소와 영양 부족 등의 증상이 나타난다.

청소년 식단의 허와 실

고기반찬 없어도 잘 크는 우리아이 건강식단

어린이들은 성인보다 몇가지 영양소를 더 많이 필요로 하고, 특히 성장기에는 좀 더 자주 먹는 것이 필요하다. 특히 두뇌발달을 위해 충분한 양의 포도당을 섭취해야 하고, 뼈를 튼튼하게 하기 위해 비타민과 미네랄을, 건강한 세포형성을 위해 단백질과 파이토케미컬 성분을 섭취해주어야 한다. 이러한 풍부한 영양을 간직한 식품들은 효소와 미량영양소가 살아있는 신선한 채소와 과일, 그리고 견과류와 통곡류, 해조류이다. 하지만 요즘 어린이들은 패스트푸드와 인스턴트 식품, 탄산음료와 정제당류, 튀김 음식, 기름진 육식을 선호한다. 학교급식에서도 육류 위주의 식단이 제공되고, 방과 후 간식도 육류이다. 점점 아이들의 체질이 산성화되어 가면서 아토피 피부염이나 비염, 천식과 같은 알레르기 증상이 늘어나고, 소아비만, 소아 당뇨, 소아 고지혈증 등 소아 대사성 질환자들이 늘어나고 있다.

학원을 일주일에 몇 군데씩 다니는 아이들은 끼니를 제 시간에 챙겨먹기 힘들고, 허기진 배를 채우면서도 아이들의 기분을 좋게 만들어주기 위해 엄마들은 고기반찬에 집착한다. 주말이면 피자, 치킨을 주문하는 아이들의 요구를 뿌리치기 어려워 만성 질환을 키우는 경우가 많다. 하지만 음식이란, 즐거움과 행복을 주는 선물이자, 정을 나누는 소통의 통로이다. 어느날 갑자기 아이들이 좋아하는 음식을 입에 대지 못하게 했을 때, 아이들은 당혹해하고 때로는 더욱 그러한 음식에 탐닉하게 된다. 그러므로, 어린이들을 위한 식단계획은 단기적으로 급하게 변화시키려는 목적보다는 장기적으로 그들의 정서생활과 더불어 계획되어야 한다. 또한 아이들의 입맛이 어떤 맛을 선호하는지 탐색해보는 것부터 시작해보자. 체질에 따라 어떤 아이들은 매운맛을, 어떤 아이들은 단맛을 선호한다. 어떤 아이들은 새콤달콤한 것을 좋아한다. 자극적인 양념은 아이들이 가지고 있는 각자의 입맛에 대해 둔감해지게 하고, 점점 자연식재료의 맛을 느끼지 못하게 만든다. 아이들의 미각이 살아나면, 탄산음료나 지나치게 단 음식은 끌리지 않게 되는데도 말이다.

성장기 어린이들을 위한 식단에 대한 오해

1. 성장기 어린이에게는 반드시 고기를 먹여야 한다고 생각하는 부모님들이 많다. 그러나, 동물성 단백질은 반드시 동물성 지방과 함께 섞여있기 때문에 포화지방과 콜레스테롤 등의 저질지방의 섭취도 함께 이루어진다는 사실을 기억하자. 어린이들이 좋아하는 치킨, 불고기버거, 피자 등은 가공육류를 토핑하거나, 트랜스지방이 많은 기름을 사용하는 경우가 많아 혈액독소를 만들어내고, 소화를 방해한다. 소화가 잘되는 콩류와 녹색채소에 풍부한 단백질, 그리고 해조류에 들어있는 단백질과 현미 등과 같은 통곡류의 영양에 눈을 떠보자. 성장기 어린이에게 필요한 필수 아미노산이 풍부하고 비타민, 미네랄, 파이토케미컬 성분이 풍부하여 훨씬 더 튼튼한 아이들로 자라나게 될 것이다.

2. 등푸른생선을 꼭 먹어야 머리가 좋아지고, 키가 큰다는 믿음은 사실일까? 오늘날 해양생태계는 위험한 수준으로 파괴되었으며, 중금속오염은 심각한 수준이다. 안전하지 못한 동물성 식품에서 취하는 오메가-3 등의 건강식품도 권장할 수 없다. 가장 좋은 대안은 견과류를 풍부하게 먹는 것이다. 호두, 잣, 아몬드, 해바라기씨, 호박씨 등의 견과류와 씨앗은 안전한 불포화지방산이 많아 성장과 두뇌에 모두 좋다. 하루에 들기름 1수저 정도를 먹으면 좋다. 단, 지방성분은 아무리 식물성분이라 해도 곡

청소년 식단의 허와 실

류나 전분성 식품들과 함께 먹을 경우 소화가 잘 되지 않는다. 간식시간을 마련하여 따로 먹는 것이 좋겠다.

3. 키가 크려면 반드시 우유를 매일 마셔야 한다는 것은 오해이다. 동양인에게는 유단백인 카제인을 분해하는 락타아제의 분비가 원활하지 못해 흡수가 잘 되지 않거나 장기능을 떨어뜨린다. 또한 공장식 축산방식으로 생산된 우유에는 항생제와 성장호르몬제 등의 화학물질들이 남용되고 있어 장기적으로 어린이들의 대사기능에 문제를 초래할 수 있다. 행복한 젖소의 우유를 먹기는 거의 어려운 현실을 고려해볼 때, 성장을 위해 우유를 먹이는 것보다는 통곡류와 견과류, 두유와 색깔이 풍부한 채소와 과일에서 성장기 어린이에게 필요한 칼슘, 철분, 인, 아연 등의 무기질과 단백질, 포도당의 영양을 섭취하는 편이 더 안전하다.

정상적인 성장기 어린이들에게는 성장호르몬의 분비가 자연스럽게 이루어지기 때문에, 성장호르몬의 분비를 방해하는 식품을 멀리하고, 스트레스를 줄여주는 것이 가장 필요하다. 또한 규칙적으로 생활하고, 밤 10시 이전에 취침에 들어 깊이 숙면하도록 돕는 것이 중요하다. 또한 무엇보다도 꿈을 가지고, 즐겁고 행복하게 하루하루를 살아갈 수 있도록 과도한 스트레스와 중압감을 줄여주는 것이 좋겠다.

ⓒ 이현주(한방채식 기린한약국 원장, 한국고기없는월요일 대표)
허핑턴포스트 2017. 2. 23.

학생들 스스로 먹을거리 선택…
교육협동조합 '건강매점' 첫발

인천시교육청 사업자 공모·선정
강화여고 이어 선학중 개점 앞둬
'팔아다잇스' '다드림' 이름 눈길

인천지역에서 학생과 학부모, 교사들이 직접 사회적 활동에 참여하는 '교육협동조합' 활동이 시작됐다.

지난 11일, 인천의 첫 교육협동조합인 '강화여자고등학교 사회적 협동조합'의 건강매점이 문을 열었고, 곧 선학중학교도 이 사업을 시작한다. 교육협동조합은 학생과 학부모, 교사 등이 조합원으로 참여한 사업을 통해 수익금을 학생 복지와 지역사회를 위해 사용하는 경제 공동체다.

인천시교육청은 지난 4월 인천 내 학교를 대상으로 '교육협동조합 건강매점' 사업자를 공모했다. 학생과 학부모가 동시에 참여해 학교에 관련된 공익 사업을 계획한다는 취지에서다.

교육청이 협동조합의 사업으로 선정한 건강매점은 학생들의 건강을 위해 친환경 제품만을 판매하고, 학생들에게 바른 먹거리를 교육시키는 친환경 매점이다.

공모 결과, 강화군의 강화여자고등학교와 연수구의 선학중학교 두 곳이 건강매점 사업자로 선정됐다.

이후 두 학교는 학생, 학부모, 교사 등으로 구성된 협동 조합을 구성했다. 조합에 대한 학생들의 관심은 뜨거웠다. 두 조합 모두 학생들이 조합원의 절반 이상을 차지하고 있다.

건강이 스펙이다!

강화여고는 전체 조합원 124명 중 85명이 학생이고, 선학중학교는 전체 조합원 85명 중 50명이 학생이다. 특히, 강화여고의 학생들은 매점 이름을 직접 공모하고 매점 수요와 만족도를 조사하는 등 적극적인 활동에 나서고 있다.

학생들이 직접 선정한 매점 이름도 눈길을 끈다. 강화여고의 매점 이름은 '팔아다잇스', 선학중학교는 '다드림(多 Dream)'이다. 강화여고 학생들은 영어로 '낙원'을 의미하는 단어인 '파라다이스'를 인용해 낙원 같은 공간을 만들겠다는 의지를 이름에 담았다.

선학중학교 학생들은 공모를 통해 '물건을 다 드리겠다'는 의미와 한자로 많음을 뜻하는 '다(多)'자와 영어로 꿈을 뜻하는 'Dream'을 합친 이중적 의미의 '다드림'을 선정했다.

전교생이 535명인 강화여고의 매점은 쉬는 시간마다 50여명의 학생들이 찾고 있다. 강화여고 2학년 김주연(17)양은 "근처에 매점이 없어서 불편했는데 새로 생겨서 너무 좋다"며 "어머님들이 귀한 시간 내 주셔서 일해주시는 만큼 학생들도 조합을 위해 열심히 일하겠다"고 말했다.

선학중학교는 현재 교육과학부의 조합 설립 인가를 기다리며 11월 3일 개점을 목표로 하고 있다. 선학중 협동조합의 박수연(14)양은 "학생들 스스로 매점에서 판매할 바른 먹거리를 선택하고 있다"며 "협동조합에 참여하는 것만으로도 큰 도움이 되는 것 같다"고 말했다.

인천시 교육청은 강화여고와 선학중을 시작으로 내년에도 2개의 학교를 더 공모할 계획이다. 인천시 관계자는 "두 곳의 건강매점이 아직 시작단계지만 긍정적으로 평가되고 있다"며 "매점으로 시작했지만 점차적으로 학생 복지를 위한 활동을 늘릴 계획이고, 앞으로 교육청도 계속해서 이들을 지원할 것"이라고 말했다.

ⓒ 경인일보, 2017. 10. 17.

INDEX

숫자

4D	69
5가지 바이오 타입	127
5분 도미	70
7분 도미	70

영문

ADHD	190
EPA	147
HOD 테스트	124
KP	138

ㄱ

각기병	54
간토 히로에	108
거미막하출혈	42
고이어	20
골연화증	60
과호흡 증후군	102
교원병	102
구각염	102
구루병	55
구속복	30
글루텐	129
글리코겐	32

ㄴ

나이아신	68
나이아신아미드	68
낫토	73
노르아드레닐린	33
뇌 알레르기	129, 132, 142
뇌하수체	61
니코틴산	68
니코틴산아미드	68

ㄷ

다동증	121
다발 경색성 치매	179
대뇌변연계	137
대증요법	159
데이케어센터	160

덱세드린	191
도널드 어빈	131
된장	114

ㄹ

라이너스 폴링	161
레인	20
로포포라	135
루복스	190
리드	26
리보플라빈	67

ㅁ

마르바리언	139
마이클 레서	26
메리 앤 블록	123
메스칼린	135
메티오닌	131
멜빈 R. 워벡	120
미네랄	123
미네랄 워터	50
미뢰	69

ㅂ

바세도우씨 병	102
반영양소	127
발작성 빈맥증	102
백미병	54
버나드 림랜드	71
베체트 병	102
볼코프	20
부신	32
분자	22
분자교정의학	22
불면증	126
불포화 지방산	146
브레인바이오센터	127
비오틴	73
비타민	53
비타민A	58
비타민B1	55, 64
비타민B12	71
비타민B2	67
비타민B3	68
비타민B5	72
비타민B6	70
비타민C	74
비타민D	59
비타민E	61
비타민H	73
비타민K	62

빅터 프랭클	82, 167
빈맥	191

ㅅ

설염	71
설탕	39
성선	61
셀렌	171
셀리아크 병	132
신경 비타민	64
신경안정제	29
소당류	17
수용성 비타민	64
스즈키 우메타로	54
스쿨 카운슬러	80
식원성 저혈당증	32
신경화증	102
심계항진	61
심료내과	95
심층수	50

ㅇ

아드레날린	33
아드레노크롬	134
아라키돈산	147
아브람 호퍼	22, 135
아스코르빈산	74
아연	56
아프타성 구내염	102
알레르겐	142
알렉산더 샤우스	21
약년성 고혈압	102
약식동원	111
역치	98
연하곤란	191
엽산	72
영양 카운슬링	90, 91
영양문제 특별위원회	26
영양학	87
오리자닌	54
위하수	102
은둔형 외톨이	17
의식동원	111
이당류	39
이분척추	52
이인증	190
이중맹검법	121
인슐린 쇼크요법	141
인지질	147

일광 비타민	60
일광과민증	102

ㅈ

저혈당증	31, 127, 133
전두엽	20
정신분열증	124
정제 식물유	91
정크 푸드	28
주의력 결핍 과잉행동 장애	190
지루성 피부염	71
지발성 운동장애	121
지용성 비타민	58

ㅊ

체라스킨	73
측두엽	20
치매	178

ㅋ

카운슬링	80
칼 파이퍼	127
컵라면	42
코발라민	71
콜라겐	74
콤즈	169
크립토피롤	131

ㅌ

통풍	172
특발성 부종	102
티아민	55, 64

ㅍ

파라노이아	130
판토텐산	72
패닉	33

이 책을 먼저 본
학부모들의 탄식!

엄마가 편하자고 무심코 사준 인스턴트 음식과 스낵이 아이들의 머리 뿐 아니라 미래까지 망치고 있다는 사실에 놀랍고 두려웠습니다. -부은*

이 책을 보고나니 항상 해야지 하면서 미루고 있는 식품첨가물에 관한 공부를 더 미루지 말아야겠다는 생각이 드네요. -sa**y262

아이의 평생 건강을 좌우하고 나아가서는 아이의 인생에도 커다란 영향을 미치는 식습관… 아이의 식사를 거의 전적으로 책임지고 있는 엄마의 입장에서 이 책을 지금이라도 만나게 된 것을 너무 다행으로 생각했어요. -os**581

아무 생각 없이 섭취한 음식물이 쌓이고 쌓여 마침내는 몸뿐만 아니라 정신세계까지 망친다는 사실이 정말 아찔하네요. -la**nder77

음식이 신체적 성장뿐만 아니라 뇌 발달, 성격 형성에도 밀접한 관계가 있음에 놀라고, 아이들의 어릴적 식습관이 그들의 인생에 얼마나 큰 영향을 미치는지 다시 한 번 깨달았어요. -별사*

무엇보다 아침식사 챙기기를 빼먹지 말고, 매끼 영양소가 골고루 배합된 식단으로 꾸려야겠어요. 아이의 두뇌는 계속 자라고 있고 잠시만 기다려달랄 수도 없으니, 마음이 바빠지네요. -귀여**줌마*^^*

손주들 온다고 하면 꼭 과자부터 사두고 기다리는 어르신들이 꼭 봐야할 듯~ -시**월

바쁘다는 핑계로, 혹은 간편하다는 이유로 패스트푸드나 가공식품을 선택하는 분이라면 일독을 권합니다. -유*

이 책을 가정 필독서로, 엄마의 육아 교과서로 강력하게 추천하고 싶어요. 책에 담긴 한 글자 한 글자를 엄마들의 가슴에 깊이 새기기를 꼭 당부하고 싶어요. -2b**oya

내 아이를 따뜻한 아이로 키우고 싶은 어머니들에게 꼭 권해드리고 싶구요. 특히 교육관련 공무원들이라면 꼭 읽어보시길 권해드리고 싶습니다. -1준**맘

이 책의 내용이 좀 더 널리 알려져 어린이, 청소년들이 건강하게 자랄 수 있도록 학교와 사회가 관심을 가지는 계기가 되었으면 하는 바람입니다. -jb**o24

이 책을 많은 부모님들과 아이들의 음식을 만드는 분들이 읽었으면 좋겠습니다. -nymphgpl**

인스턴트 음식이 가지고 있는 폐해를 알려주기 위해 아이에게도 이 책을 읽게 했고, 충분한 동의를 구할 수 있었어요. 내 아이들의 머리를 망치는 일은 여기서 끝! -gomaw**

부모가 사준 인스턴트 음식이 자녀를 범죄자로 만들 수도 있고, 제대로 된 밥상이 많은 것을 변화시킬 수 있다는 것을 보여주네요. –joy!**

엄마라면 한 번쯤은 읽어보세요. 아이를 키우는데 무엇이 가장 필요한지 눈에 보이실 거예요. –snow11**

이 책을 읽고는 다시 한 번 느끼게 되네요. 내가 아이들에게 뭘 먹이냐에 따라 아이들의 인생이 달라진다는 것을. –boungi**

부모라면 꼭 읽어봐야 될 거 같아요. 직장맘이라 바쁘고 힘들단 핑계로 자꾸 애한테 음식을 사먹인 제가 아이의 잘못된 식습관 형성의 주범인 것 같아서 무척이나 미안했습니다. –pme10**

학교 선행학습보다 더 중요한건 새로운 지식을 받아들이는 깨끗한 머리와 몸이 아닐까요? 많은 학부모들이 꼭 봤으면 합니다. –kykkyk**

얼마나 많은 죄악을 우리 부모들이 아이들에게 저지르고 있는지 깨닫게 해주네요. –shelle**

가공식품의 실체를 알게 되면서 먹거리 선택에 더욱 고심을 하게 되지만 아이를 위한 것이기에, 아이의 미래와 관련된 것임을 생각한다면 오히려 더 많은 관심을 갖고 더 노력해야겠다고 생각하게 되네요. –mhel**

이 책의 내용을 머릿속에 줄줄~ 외진 못해도 익숙해질 때까지 몇 번이고 읽어보고 싶은, 우리 식생활에 정말 도움이 되는 책이라고 생각해요. –dbswh10**

각종 가공식품과 패스트푸드에 쩐 몸을 약으로 다스리려고 하지 말고, 먹는 것부터 제대로 챙기는 것이 먼저라는 사실을 말해 주네요. –ywparkemd**

머리말에 소개된 상담사례부터 머리가 하얘지도록 충격이 가해집니다. 공부와 독서도 중요하지만 무엇보다 아이의 미래를 위해 지금 당장 식탁에 올리는 음식부터 바꾸어야겠다는 생각을 하게 되네요. –별의**

아이가 과자 좋아하는 것만 야단치고 다른 방도를 취하지 못한 것도 엄마의 잘못인 것 같네요. 좋은 음식을 만들어 맛있게 먹는 습관을 들일 수 있도록 건강한 식단을 다시 짜야겠다는 생각을 했어요. –민규*

아이에게 내 돈 주고 불량식품 사 먹였다는 생각이 들어요. 엄마들이 참고하실 사항이 많은 책입니다. –대전**동정지윤